［第四版］

入門 経済学

飯田幸裕・岩田幸訓 ── ◎ 著

創 成 社

はじめに | PREFACE

　本書は，入門レベルの経済学を学ばれる方にとっての「内容の理解」と「問題演習」を重点に置いて書かれたものです。本書の内容を理解して，問題演習に取り組むことで，入門の経済学の第一段階を攻略し，次のステップへと進むことができます。本書を読みやすくする工夫として，重要な用語を太字にすることに加えて，アンダーラインを活用しています。これ以外にマーカーを利用するなど，多くの工夫をすることで読みやすいテキストになるかと思います。ここでは，なぜ「内容の理解」と「問題演習」が重要なのかを説明していきます。

　現代は，入門から応用のレベルまで，これまでに蓄積されてきた経済学の知識が十分に体現された良書が数多く出版されています。ある入門書を読めばその本のよさが，別の応用書を読めば，またその本の特徴が伝わってきます。つまり，経済学の勉強を，ステップを踏んで行うという意味で，テキストとなるものは十分にあるということです。テキストとなるものが世界に1つか2つしかないという状況を考えてみれば，どのようなレベルで勉強するのにも材料がそろっているというのはとても恵まれていることです。

　それでは，勉強の材料となるものが十分にあることは，効率よく勉強ができることを意味するのでしょうか。選択肢が多くなるほど，自分がどうすればよいかわからなくなることの方が多いようです。その理由の1つには，この分量をこなせば何か目的を達成するのに十分であるという勉強量が決まっていないことがあります。1,000勉強すればこの目的が達成される，10,000こなせば大きな目的が達成されると決まっていれば，負担するものが決まっていますから気持ちを楽にして取り組めるかもしれません。しかし，勉強というものは，学校においてだけではなく社会に出てからもするものであると考えれば，勉強量がどのくらいであればよいかという議論は建設的なものではないのです。「**いまの自分に満足しない**」という姿勢がさらなる勉強量を生んでくれます。

　効率よく勉強するために必要なことは何でしょうか。それは「**内容の理解**」を理解することです。勉強でもスポーツでも趣味でも，どのようなことでも同じですが，「**勉強（練習）した内容**」を「**理解して（覚えて）**」さらに「**試合など実戦で応用できる**」ことがとても重要です。ここで簡単な例をあげますが1,000勉強したけれども，理解して応用できたのは50という場合と，300しか勉強できなかったが，理解して応用できたのは250という場合では，どちらが効率的でしょうか。もちろん後者が効率的ですが，これが示すのは，勉強（練習）した内容が最大限に身についていることが，試合に勝つことのできる最も重要な要素であるということです。「内容の理解」は「試合での応用」につながっています。

もちろん，勉強（練習）した量よりも大きな力を試合で発揮できたというのであれば，それはすばらしいことです。

　本書では，入門の経済学を学ぶ上での基礎となる項目に焦点を当て，ミクロ，マクロ合わせて 30 の項目を選んでいます。さらに，「内容の理解」の実感のために，本文中での演習，章末の演習問題を取り入れています。

　勉強した内容が理解できて，それを応用できるようになると，同じ内容を異なる側面から説明されても混乱することがありません。スポーツなら，試合の相手が変わっても，あるいは相手が強くなっても力を発揮できるということです。この場合には，新しい見方を得ることができたことに強い喜びを感じるのです。これが「**勉強の醍醐味**」です。ここまでくれば，自分が次に勉強したい内容を自分の力で探すことができるようになります。「**試合を作ることができる選手**」になれるのです。「**勉強（練習）**」は「**自分（将来の自分）を作ること**」ですから，ぜひ経済学の勉強の最初のステップとして本書を活用してください。

　本書は 30 章から構成されています。第 1 章から第 15 章まではミクロ経済学，第 16 章から第 30 章まではマクロ経済学を扱っています。ミクロ経済学では，本文をよく読んで理解しながら演習を行うスタイルを主に，マクロ経済学では，章ごとの重要項目を理解した上で演習問題に取り組むスタイルを主に構成してあります。しっかりと理解を進め，クリアできた際には，社会で活躍できるプレイヤーを目指して，経済学（と他の分野）の良書を数多く攻略してください。

　本書の第 1 章〜第 3 章と第 16 章〜第 30 章は飯田が，第 4 章〜第 15 章は岩田が担当しています。本書の出版にあたり，適切なご助言を頂戴いたしました株式会社創成社出版部の西田徹様には厚く御礼申し上げます。

　2010 年 1 月

飯田幸裕・岩田幸訓

第四版発行にあたって

　このたび第四版を発行させていただくことになりました。読者の皆様，初版，改訂版および第三版でお世話になりました関係者各位に改めまして心より御礼申し上げます。

　今回の第四版の発行では，前半のミクロ部分の学習の流れがさらにわかりやすくなっております。また，新たに経済学と経営学とのつながりを取り入れました。章の中の「まとめ」によって，学習した内容を印象づけられるように工夫しております。株式会社創成社出版部の西田徹様には，初版，改訂版，第三版発行時と同様に適切なご助言を頂戴いたしましたことに厚く御礼申し上げます。

　2018 年 4 月

飯田幸裕・岩田幸訓

目 次 | CONTENTS

はじめに

第四版発行にあたって

第1部　ミクロ経済学

1　ミクロ経済学を楽しむ方法………… 2
2　市場経済 ………………………… 6
3　需要と供給 ……………………… 10
4　価格と需要 ……………………… 14
5　需要と効用 ……………………… 20
6　価格と供給 ……………………… 26
7　供給と費用 ……………………… 32
8　供給と利潤 ……………………… 38
9　完全競争と資源配分………………… 42
10　余剰分析 ………………………… 48
11　独　占 …………………………… 54
12　寡　占 …………………………… 60
13　市場の失敗 ……………………… 66
14　ミクロ経済学と日本経済………… 72
15　数学とミクロ経済学……………… 78

第2部　マクロ経済学

16　マクロ経済学を楽しむ方法………… 84

17　経済規模を測るGDP（1）………… 88
18　経済規模を測るGDP（2）………… 94
19　供給サイドから見るGDP
　　（成長方程式）………………… 100
20　需要サイドから見るGDP（寄与度）
　　………………………………… 104
21　需要・供給と日本経済 ………… 108
22　生産・所得・需要の決定と
　　消費関数 ……………………… 114
23　投資・政府支出の導入と
　　国際経済への拡張……………… 120
24　貨幣が持つ機能 ………………… 126
25　マネーストックと
　　ハイパワードマネー ………… 130
26　貨幣供給と貨幣需要 …………… 136
27　マクロ経済政策 ………………… 142
28　インフレーションと失業……… 148
29　経済成長の理論 ………………… 154
30　経済学と経営学 ………………… 158

参考文献　163

索　引　165

第1部

ミクロ経済学

 ミクロ経済学を楽しむ方法

◎キーワード：希少性，資源配分問題，合理的意思決定

> **POINT**
>
> ミクロ経済学の重要な課題は，社会を構成する経済主体のさまざまな選択を通じて，希少な資源がどのように活用されるのかを研究することです。そして，ミクロ経済学で考える経済問題を資源配分問題と呼びます。ミクロ経済学の特徴は，家計の効用最大化と企業の利潤最大化からなる経済主体の合理的意思決定を前提として分析することです。

●ミクロ経済学を学ぶ前に

　本書を手に取り，ミクロ経済学を学習する前から，ミクロ経済学についての具体的なイメージを持つ読者は少ないでしょう。ミクロ経済学にかぎらず，経済学の学習がスムーズにいかない理由の1つは，「お金」，「景気」，あるいは「貿易」といった私たちに身近な「経済」と，経済学で学習する抽象的な分析が結びつかないためだと考えられます。そこで，ミクロ経済学を学習する前に，ミクロ経済学がどのような学問であるのかというイメージをつかむために，ミクロ経済学で考える経済問題とはどのようなものかを説明します。

●経済問題とは

　ミクロ経済学で考える経済問題を一言で表すと，**希少性**に関わる選択の問題ということができます。希少性とは，消費や生産などの経済活動に必要な資源が私たちの欲求をすべて満たすにはあまりにも少ないことを指します。ここで，資源とは，消費活動に必要な所得や余暇時間，そして生産活動に必要な労働力，石油などの天然資源，機械や工場などの実物資本なども含む，幅広く解釈される概念です。そして，欲しい商品がたくさんあるにもかかわらず，おこづかいが少なくてすべての商品を買えるわけではない場合，私たちはどの商品を買うべきか選択を迫られます。ここで，何かを選択すれば，別のものをあきらめなければならないことを**トレードオフ**と呼びます。すなわち，買い物はお金の希少性に

関わるトレードオフの問題といえます。

このように，ミクロ経済学は，さまざまな経済主体が直面する希少性の問題に対してどのような選択がなされるか，そしてその結果，希少な資源がどのように経済活動に活用されるかを研究する学問といってよいでしょう。そして，ミクロ経済学では，①何が（どれだけ）生産されるべきか，②どのような方法で生産されるべきか，③誰のために生産されるべきか，という3つの経済問題を具体的に検討します。そして，この3つの経済問題をあわせて資源配分問題と呼びます。

> **まとめ**
> 何がどのような方法で，誰のために生産されるべきか ⇒ 資源配分問題

●経済問題についての図解

図表1-1を使って，3つの経済問題を図解します。図表1-1には，**生産可能性曲線**が図示されています。生産可能性曲線とは，所与の生産技術と資源のもとで効率的に生産される2つの商品―例えばタクシーとパトカーとします―の量のさまざまな組み合わせを図示した右下がりの曲線です。ここで，効率的な生産とは，経済全体で資源―例えば自動車の部品―を無駄なく活用して生産している状況をいいます。図表1-1には，横軸にタクシーの生産量，縦軸にパトカーの生産量がとられています。

まずは，経済問題①を理解するためにN点を考えます。N点は生産可能性曲線の外側にあります。生産可能性曲線の外側は，この経済に与えられた生産技術と資源では生産不可能なタクシーとパトカーの組み合わせを表します。つまり，N点で表される量のタクシーとパトカーを同時に生産することはできません。これは，この経済では，生産可能性曲線上とその内側の点からしか選択できないことを意味します。このように，経済問題①では，（不可能な生産を考えても仕方ないという意味で）何が（どれだけ）生産されるべきかを考えることになります。ここで，生産可能性曲線の内側を表す領域Sに斜線を入れます。

図表1-1 生産可能性曲線

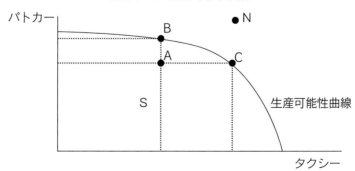

次に，経済問題②を理解するためにA点を考えます。A点は生産可能性曲線の内側にあり，B点とC点のように生産可能性曲線上にはありません。これは，生産方法を工夫してA点からB点（C点）に移行すれば，この経済でタクシー（パトカー）の生産量を減らさずに，パトカー（タクシー）の生産量を増やせることを意味します。つまり，生産可能性曲線の内側では，効率的な生産ができておらず，資源が有効に活用されていません。このように，経済問題②では，（資源を無駄使いしないように）どのような方法で生産されるべきかを考えることになります。

　さらに，経済問題③を理解するためにB点とC点を考えます。B点とC点はともに生産可能性曲線上にあるので，効率的に2種類の自動車を生産しています。そして，B点は，C点と比べるとパトカーの生産量が多く，タクシーの生産量が少なくなっています。これは，効率的な生産をしているときに，B点からC点に移行することでタクシーの生産量をさらに増やそうとすると，パトカーの生産量をいくらかあきらめなければならないことを意味します。つまり，右下がりの生産可能性曲線は，この経済のトレードオフを表します。ここで，タクシーとパトカーの性質について考えます。タクシーは料金を支払わないと利用できないのに対して，パトカーは治安を守るという観点からは誰でも利用できます。つまり，B点からC点への移行は，全員が利用するパトカーの生産量を減らし，代わりに一部の人だけが利用するタクシーの生産量を増やすことを意味します。このように，経済問題③では，（一部か全員かというような）誰のために生産されるべきかを考えることになります。

●ミクロ経済学における登場人物

　ミクロ経済学における経済活動の中心は消費と生産です。ここで，消費と生産を担う経済主体について説明します。まず，消費活動の担い手は**家計**（個人・消費者）です。消費とは，商品（財・サービス）を利用することから直接満足を得ることです。一方，生産活動の担い手は**企業**（生産者）です。生産とは，労働，資本，土地などを利用して新たに価値のある商品を生み出すことです。家計が労働者として生産活動に参加する場合は，家計は労働力を提供する生産者の役割を担います。さらに，ミクロ経済学では，**政府**も経済活動の重要な担い手となります。政府は，家計や企業から税金を徴収して，国防やインフラ，あるいは社会保障などの公共サービスを提供する一方，企業が生産した商品を利用します。さらに，政府は，規制や課税によって家計や企業の経済活動に直接影響を与えることもできます。

まとめ

　　　　ミクロ経済学の登場人物　⇒　家計，企業，政府

●合理的意思決定

ミクロ経済学の重要な前提として「経済主体は合理的な意思決定をする」というものがあります。大雑把にいえば，合理的意思決定とは，経済主体はそれぞれ明確な目的を持ち，その目的をできるだけ達成するように行動することを指します。すなわち，ミクロ経済学では，経済主体はそれぞれの選択の基準となる目的をかなえるように行動すると考えます。

ところで，家計や企業の経済活動の目的は何でしょうか。ミクロ経済学では，家計の目的は，満足（効用）を最大化するように消費活動をすることであり，企業の目的は，儲け（利潤）を最大化するように生産活動をすることです。これらをそれぞれ「**効用最大化**」と「**利潤最大化**」と呼びます。また，政府活動にも目的があると考えることもできます。ただし，政府の目的は家計や企業の目的とは違い，自らの利益を最大化するというよりはむしろ，社会全体の目標をかなえることだと考えられます。しかし，社会全体の目標といっても，政府は経済成長，完全雇用，不平等の是正などのさまざまな目標をバランスよく達成しなければならず，政府活動がつねに首尾一貫しているとはかぎらないことに注意する必要があります。

さらに，現実の経済では，人間や組織は必ずしも合理的に行動するとはかぎらないと考える読者もいるかもしれません。最近，現実の人間がどのように行動するのかを記述することを目指した**行動経済学**という分野が発展しています。行動経済学は，これまで非常に多くの実験を通じて，現実の人間は理論が予測する通りの行動をせず，しかもその行動は理論の予測から特定の方向に規則的にずれていることを明らかにしてきました。最近のミクロ経済学では，これらの人間行動をどのように説明するかということが重要な研究課題となっています。

まとめ

効用最大化，利潤最大化　⇒　合理的意思決定

演習問題

1　テキストを読み，図表1-1を完成させなさい。

2　以下の文章の下線部に適切な語句を入れなさい。

　ミクロ経済学の重要な課題は，＿＿＿＿に関わる選択の問題を研究することです。何かを選択すれば，別のものをあきらめなければならないことを＿＿＿＿と呼びます。ミクロ経済学に登場する経済主体は，＿＿＿＿を目的とする家計，＿＿＿＿を目的とする企業，そして社会全体の目標をかなえる＿＿＿＿です。

2 市場経済

◎キーワード：市場経済，インセンティブ

POINT

市場経済では，社会を構成する経済主体の分権的意思決定によって資源配分問題が解決されます。市場では，どの経済主体も好きなだけ商品を取引します。市場で決まる価格は資源配分問題を解決するうえで重要な役割を果たします。価格は商品の希少性を表し，経済主体が行動を変える誘因になります。そして，もし市場が理想的に機能すれば，最適資源配分という望ましい結果がもたらされます。しかし，不完全競争や市場の失敗は資源配分の歪みをもたらします。そこで，政府が市場に介入し，この問題を解決することになります。

● 市場経済と計画経済

ミクロ経済学の主要な分析対象である**市場経済**では，第1章で説明した資源配分問題が市場によって解決されます。市場経済の特徴は，商品の消費や生産がそれぞれの経済主体の分権的意思決定に委ねられていることです。家計は商品に対価を支払って，それを好きなだけ消費できます。また，企業は儲かりそうな商品を生産して，それを好きなだけ販売できます。そして，市場とは，家計と企業が商品を自由に取引する場所のことを指します。市場では，家計と企業の経済活動が相互作用することによって，商品の価格と取引量が決まります。これを市場メカニズムと呼びます。さらに，市場での自由な取引が行われるためには，家計や企業による資源の私的所有が前提となります。市場経済では，市場で決まる価格が資源配分問題を解決するうえで重要な役割を果たします。

市場経済と対比されるのが**計画経済**です。旧ソビエト連邦のような社会主義国家では，政府の中央集権的計画によって商品の消費と生産が決められていました。家計も企業も資源の私的所有が認められておらず，国家の管理下にあったことも計画経済の特徴です。計画経済では，政府は資源配分問題を解決するための経済計算をする必要があります。しかし，政府がこの経済計算をするためには，家計や企業に関する膨大な情報を正しく収集す

る必要があることから，そのような経済計算は本当に可能なのかという問題が1930年代に論争となりました。

> **まとめ**
> 市場経済　⇒　分権的意思決定，私的所有，市場メカニズム
> 計画経済　⇒　中央集権的計画，公的所有，経済計算

●価格の役割

　市場経済では，家計の購買意欲（需要）と企業の販売意欲（供給）によって価格が決まります。例えば，不作が原因で農作物が市場に出回らず，農作物の価格が高騰したというニュースを聞いたことがあるかもしれません。これは，農作物の需要に対してその供給が少なくなり，農作物が希少になったことを意味します。すなわち，市場では，価格は商品の希少性を反映し，商品が希少であるほど，その商品の価格が高くなります。

　また，商品の価格は，経済主体の意思決定に必要な情報を集約して提供していると考えることができます。例えば，商品の価格が高くなったとき，家計はその商品の購入を手控えて別の商品で代替しようと思い，企業はその商品の販売を増やせば儲けが出せると考えるでしょう。このように，商品の価格は経済主体の行動を変える動機づけとなります。そして，このような経済主体の行動を変える動機づけを**インセンティブ（誘因）**と呼びます。

> **まとめ**
> 価格　⇒　希少性の反映，インセンティブ

●本書前半についての図解

　図表2-1を使って，ミクロ経済学を学習する本書前半の内容を図解します。図表2-1には，本書前半における各章の関係が図示されています。第1章から第10章は市場経済の仕組みについての統一的な内容，第11章から第15章はそれぞれ派生的な内容を扱っています。また，各章を発展させた内容は，図表2-1の四角で囲まれた学問分野で扱われています。

　第1章と第2章に続いて，第3章から第10章では，完全競争市場という理想的な市場がどのように機能するのか，あるいはそれはどのような結果をもたらすのか，という問題を扱います。後に詳しく説明するように，完全競争市場とは，多数の家計と企業が存在して，市場で同質の商品をめぐって競争している状況だと考えられます。そこでは，家計も企業も商品の価格に影響力をもたないことが重要です。

　第3章では，需要と供給の相互作用によって価格が決まる市場メカニズムを説明します。

図表 2-1　ミクロ経済学の学習チャート

◎第1章（経済問題）	◎第2章（市場経済）⇒ マーケットデザイン	◎第3章（市場均衡）⇒ 一般均衡理論

◎第4・5章（需要）⇒ 消費者理論	◎第6・7・8章（供給）⇒ 企業理論
◎第9・10章（完全競争と資源配分）⇒ 厚生経済学・経済政策論	

◎第11章（独占） ⇒ マーケティング論 ⇒ 経営学	◎第12章（寡占） ⇒ ゲーム理論 ⇒ 産業組織論	◎第13章（市場の失敗） ⇒ 公共経済学 ⇒ 環境経済学
◎第14章（日本経済） ⇒ 日本経済論・国際経済論	◎第15章（数学）⇒ 経済数学	

　経済全体で需要と供給が一致することを**市場均衡**と呼び，そのときの価格を**均衡価格**と呼びます。市場均衡では，どの経済主体も自分の目的にかなった商品の取引をしています。このように，市場均衡は，これ以上誰も行動を変えるインセンティブを持たない安定的な状態です。

　第4章と第5章では，商品の買い手である需要側の問題を扱います。そこでは，**需要曲線**の性質や，家計の合理的意思決定の結果として家計の個別需要曲線が求められることを説明します。第6章から第8章では，商品の売り手である供給側の問題を扱います。そこでは，**供給曲線**の性質や，企業の合理的意思決定の結果として企業の個別供給曲線が求められることを説明します。

　第9章と第10章では，市場で資源配分問題がどのように解決されるかを説明します。第1章で説明したように，資源配分とは，経済にある希少な資源を使って，<u>何がどのような方法で，誰のために生産されるべきかを決めること</u>です。第9章と第10章では，完全競争市場は**最適資源配分**という望ましい結果をもたらすことを説明します。

　第11章と第12章では，市場が理想的に機能しない不完全競争を説明します。不完全競争では，企業は商品の価格に影響を及ぼすことができます。不完全競争の中で，市場に企業1社だけが存在する場合を**独占**，複数だが少数の企業が競争する場合を**寡占**と呼びます。第13章では，市場が資源配分問題をうまく解決できない**市場の失敗**を説明します。ある経済主体の行動が別の経済主体に直接影響を及ぼす**外部性**の存在と，主に政府が供給することになる**公共財**の存在が市場の失敗をもたらします。不完全競争や市場の失敗は資源配分の歪みをもたらし，これが政府活動の理論的根拠となります。

　第14章では，需要と供給に注目した市場経済の分析を日本経済のさまざまな問題に応

用します。第15章では，経済学と数学の関係を理解するために，一次関数を使った市場経済の分析を説明します。

最後に，本書でミクロ経済学を学習するコツを説明します。本書前半は，各章の内容の説明の部分とその図解の部分に分かれています。内容の説明の部分だけを読んでも一応は理解できますが，より効果的なのは図解の部分を丁寧に読むことです。そして，<u>本書前半に登場する図表の多くは未完成であり，テキストを読み込んで図表を完成するように構成されています</u>。図表の完成を通じて，図表と図表の経済学的な意味を理解し，ミクロ経済学をぜひ得意分野にしてください。

[演習問題]

1　以下の文章の下線部に適切な語句を入れなさい。

　　分権的意思決定は_____の特徴で，中央集権的計画は_____の特徴です。経済主体の行動を変える動機づけを_____と呼びます。経済全体で需要と供給が一致する_____は，経済主体がこれ以上行動を変える誘因をもたない安定的な状態です。完全競争市場は_____をもたらすという望ましい性質をもちます。独占や寡占などの_____や外部性や公共財の存在による_____は資源配分の歪みをもたらします。

コラム①　市場を創るマーケットデザイン

　第2章では，市場経済の仕組みとその限界について説明しました。最近の経済学では，「マーケットデザイン」という新しい分野が発展しています。伝統的な経済学は，市場を所与として分析します。しかし，マーケットデザインは，必ずしも市場とはかぎらない広い意味での制度を最初から設計して分析します。すなわち，市場および制度は与えられるものではなく，創るものと考えます。そして，伝統的な経済学は，市場が理想的に機能すれば，最適資源配分をもたらすことを解明しました。一方，マーケットデザインは，市場の失敗が存在する場合には資源配分を市場に任せず，資源配分の歪みを解消するために制度をうまく設計することを課題とします。さらに，マーケットデザインは，本書でも少しだけ説明するゲーム理論を主要な分析道具として用いることで，周波数帯オークション，腎臓マッチング，学校選択制などの具体的な問題で成果を上げました。そして，マーケットデザイン分野の発展への功績に対して，2012年にはアルヴィン・ロスとロイド・シャプレー両教授に，2020年にはポール・ミルグロムとロバート・ウィルソン両教授にそれぞれノーベル経済学賞が授与されました。

需要と供給

◎キーワード:需要,供給,市場均衡

> **POINT**
>
> 市場メカニズムを理解するための分析道具は需要曲線と供給曲線です。需要曲線は,商品の価格と需要量の関係を図示した右下がりの曲線です。供給曲線は,商品の価格と供給量の関係を図示した右上がりの曲線です。需要量が供給量を上回ることを超過需要と呼びます。供給量が需要量を上回ることを超過供給と呼びます。超過需要の場合は,価格が上昇する力が働きます。超過供給の場合は,価格が下落する力が働きます。そして,需要と供給が一致することを市場均衡と呼びます。

●需要と供給

市場経済を理解するポイントは**需要**と**供給**です。需要とは,商品を購入・消費したいという家計の購買意欲のことであり,供給とは,商品を生産・販売したいという企業の販売意欲のことです。市場では,需要と供給の相互作用により商品の価格と取引量が決定されます。これを市場メカニズムと呼びます。

市場メカニズムを理解するための分析道具は**需要曲線**と**供給曲線**です。需要曲線から,商品の価格が与えられたとき,その商品の需要量を読み取ることができます。通常,商品の価格が下落したとき需要量が増加するため,需要曲線は右下がりになります。また,供給曲線から,商品の価格が与えられたとき,その商品の供給量を読み取ることができます。通常,商品の価格が上昇したとき供給量が増加するため,供給曲線は右上がりになります。後の章では,需要曲線と供給曲線の性質についてより詳しく説明します。

これから,市場では商品の価格がどのように決まるかを説明します。結論を先にいうと,商品の価格は需要曲線と供給曲線の交点で決まります。需要曲線と供給曲線の交点の重要な性質は,そこで商品の需要と供給が一致することです。この性質の重要性は,需要曲線と供給曲線の交点以外の価格を考えると理解できます。需要曲線と供給曲線の交点以

外の価格では，商品の需要と供給が一致しません。そして，需要量が供給量を上回ることを**超過需要**と呼びます。逆に，供給量が需要量を上回ることを**超過供給**と呼びます。

まずは，超過需要を説明します。超過需要は，現在の価格では商品が不足していることを意味します。したがって，現在の価格が多少上昇しても，商品を購入できなかった家計は商品を何とか手に入れようとし，企業も商品がまだ販売できると考えるでしょう。つまり，超過需要の場合は，価格が上昇する力が働きます。

次に，超過供給を説明します。超過供給は，現在の価格では商品が余っていることを意味します。したがって，現在の価格が多少下落しても，商品を販売できなかった企業は商品を何とか売ろうとし，家計も商品の購入をまだ手控えてもよいと考えるでしょう。つまり，超過供給の場合は，価格が下落する力が働きます。

> **まとめ**
>
> 超過需要　⇒　需要量＞供給量，価格が上昇する
>
> 超過供給　⇒　需要量＜供給量，価格が下落する

● **市場均衡**

需要曲線と供給曲線の交点では，超過需要でも超過供給でもなく，需要と供給が一致しています。しかも，家計は商品を好きなだけ購入し，企業は商品を好きなだけ販売しています。これは，どの経済主体もこれ以上行動を変えるインセンティブを持たず，商品の価格を変化させる力が働かないことを意味します。この需要と供給の一致を**市場均衡**と呼びます。そして，需要曲線と供給曲線の交点を**市場の均衡点**と呼びます。また，市場の均衡点における価格を**均衡価格**，そのときの取引量を**均衡取引量**と呼びます。ミクロ経済学では，市場均衡という商品の価格がもはや変化しない安定的な状態を市場経済の分析対象としています。

> **まとめ**
>
> 需要と供給の一致　⇒　市場均衡

● **需要と供給についての図解**

図表3-1と図表3-2を使って，需要と供給を図解します。図表3-1と図表3-2には，パンの需要曲線と供給曲線が図示されています。ミクロ経済学では，商品の価格を縦軸にとります。図表3-1と図表3-2では，縦軸にパンの価格が，横軸にパンの需要量と供給量がとられています。

通常，需要曲線と供給曲線は縦軸から横軸に読みます。例えば，図表3-1から，パン

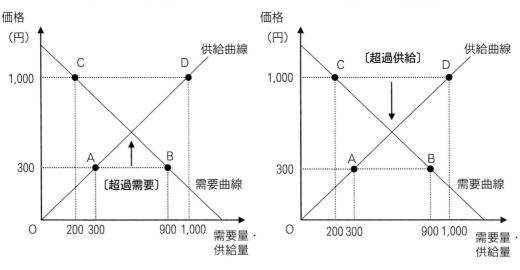

の価格が300円のとき，パンの需要量は900個であり（B点），パンの供給量は300個である（A点）ことがわかります。そして，パンの需要曲線は右下がり，パンの供給曲線は右上がりになります。例えば，図表3-1と図表3-2から，パンの需要曲線上にあるB点とC点を比べると，パンの価格が300円から1,000円に上昇するとき，パンの需要量が900個から200個に減少することがわかります。また，パンの供給曲線上にあるA点とD点を比べると，パンの価格が300円から1,000円に上昇するとき，パンの供給量が300個から1,000個に増加することがわかります。

　ここで，パンの超過需要を説明します。図表3-1のA点とB点から，パンの価格が300円のとき，パンの需要量がパンの供給量を600（＝900－300）個上回ることがわかります。すなわち，パンの価格が300円のとき，パンの超過需要量は600個です。図表3-1では，この超過需要量がA点とB点を結ぶ線分として図示されます。ここで，A点とB点を実線で結びます。さらに，図表3-1には，パンの超過需要があるときにはパンの価格に上昇する力が働くことを示す上向きの矢印が図示されています。

　次に，パンの超過供給を説明します。図表3-2のC点とD点から，パンの価格が1,000円のとき，パンの供給量がパンの需要量を800（＝1,000－200）個上回ることがわかります。すなわち，パンの価格が1,000円のとき，パンの超過供給量は800個です。図表3-2では，この超過供給量がC点とD点を結ぶ線分として図示されます。ここで，C点とD点を実線で結びます。さらに，図表3-2には，パンの超過供給があるときにはパンの価格に下落する力が働くことを示す下向きの矢印が図示されています。

●市場均衡についての図解

　図表3-3を使って，市場均衡を図解します。図表3-3には，パンの需要曲線と供給曲線が図示されています。そして，図表3-3では，E点で需要曲線と供給曲線が交わります。需要曲線と供給曲線の交点の重要な性質は，そこで商品の需要と供給が一致することです。E点から，パンの価格が600円のとき，パンの需要量と供給量が600個で一致することがわかります。つまり，E点が市場の均衡点です。そして，パン市場の均衡価格が600円，均衡取引量が600個となります。このとき，家計も企業も好きなだけパンを取引しており，これ以上行動を変えるインセンティブを持ちません。つまり，E点において，パン市場は超過需要でも超過供給でもなく，パンの価格を変化させる力が働かない安定的な状態となります。

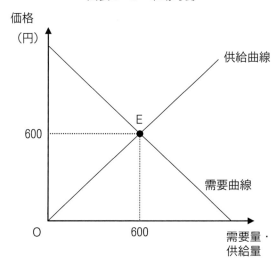

図表3-3　市場均衡

[演習問題]

1　テキストを読み，図表3-1を完成させなさい。

2　テキストを読み，図表3-2を完成させなさい。

3　以下の文章の下線部に適切な語句を入れなさい。

　＿＿＿＿は，商品の価格と需要量の関係を図示した右下がりの曲線です。＿＿＿＿は，商品の価格と供給量の関係を図示した右上がりの曲線です。商品の需要量が供給量を上回ることを＿＿＿＿と呼び，商品の供給量が需要量を上回ることを＿＿＿＿と呼びます。商品の需要と供給が一致することを＿＿＿＿と呼びます。市場の均衡点における価格を＿＿＿＿と呼び，そのときの取引量を＿＿＿＿と呼びます。

価格と需要

◎キーワード：需要曲線，需要の価格弾力性，需要曲線のシフトと分解

POINT

右下がりの需要曲線は需要法則を表します。価格が変化したとき，需要量がどのくらい変化するかを表す指標を需要の価格弾力性と呼びます。商品の需要に影響を与える価格以外の要因が変化したとき，需要曲線は全体的に移動（シフト）します。経済全体の需要曲線は各家計の個別需要曲線に分解できます。各家計の個別需要曲線を横に足しあわせることによって，経済全体の需要曲線を求めることができます。

●価格と需要

商品の価格と需要量の関係を図示したものを**需要曲線**と呼びます。通常，商品の価格が下落すると，需要量が増加するので，需要曲線は右下がりになります。そして，この関係を**需要法則**と呼びます。つまり，右下がりの需要曲線は日常で観察される家計の行動を捉えたものといえます。

まとめ

右下がりの需要曲線 ⇒ 需要法則

●需要の価格弾力性

右下がりの需要曲線から，価格が下落すれば，需要量が増加することがわかりますが，価格の変化に対して需要量がどのくらい変化するかを理解することが重要です。価格の変化に対する需要量の変化の大きさを表す指標を**需要の価格弾力性**と呼びます。

本書では，需要の価格弾力性を需要曲線の傾きと関係づけて説明します。価格の変化に対して需要量が大きく変化するとき，その需要曲線は価格に対して弾力的であるといいます。つまり，価格がわずかに下落（上昇）しても需要量が大幅に増加（減少）します。こ

の場合，需要量が価格に対して敏感に反応するため，需要曲線の傾きが緩やかになります。

一方，価格の変化に対して需要量がそれほど変化しないとき，その需要曲線は価格に対して非弾力的であるといいます。つまり，価格が大幅に下落（上昇）しないと需要量は増加（減少）しません。この場合，需要量が価格に対してあまり敏感に反応しないので，需要曲線の傾きが急になります。

需要の価格弾力性の大きさは，商品の性質に依存します。例えば，豊作で白菜の価格が大きく下落しても需要量はあまり増えません。そして，白菜のような価格と需要量の関係を持つ商品を必需品と呼びます。つまり，必需品の需要曲線は価格に対して非弾力的です。そして，必需品の需要曲線の傾きは急になります。また，円高で海外旅行の価格が下落すると需要量が大きく増えます。そして，海外旅行のような価格と需要量の関係を持つ商品をぜいたく品と呼びます。つまり，ぜいたく品の需要曲線は価格に対して弾力的です。そして，ぜいたく品の需要曲線の傾きは緩やかになります。

> **まとめ**
>
> 　　　　　需要曲線の傾きが緩やか　⇒　価格に対して弾力的
> 　　　　　需要曲線の傾きが急　　　⇒　価格に対して非弾力的

●需要の価格弾力性についての図解

図表4-1と図表4-2を使って，需要の価格弾力性を図解します。図表4-1には，2つの商品の価格と需要量の関係が図示されています。左表は牛乳の価格と需要量の関係です。右表は高級バターの価格と需要量の関係です。

まずは，2つの商品の需要曲線を図表4-2に図示します。図表4-2の左図に牛乳の需要曲線を，そして右図に高級バターの需要曲線を図示します。例えば，図表4-1から牛乳の価格が200円のとき，需要量は12,000ℓであるとわかります。図表4-2の左図に200円と12,000ℓに対応するA点が書き込まれています。同様の方法ですべての点を書き込んだあと，それらの点を通る需要曲線を図示します。この方法は高級バターの需要曲線の場合も同様です。

さて，図表4-1から，牛乳の価格が400円から500円に変化したとき，需要量が10,000ℓから9,000ℓに変化することがわかります。一方，高級バターの価格が400円から500円に変化したとき，需要量が9,000gから3,000gに変化することがわかります。これらの反応の違いは需要の価格弾力性と関係があります。

牛乳は必需品です。そして，必需品の需要曲線は価格に対して非弾力的です。つまり，価格が変化しても需要量はほとんど変化しません。一方，高級バターはぜいたく品です。そして，ぜいたく品の需要曲線は価格に対して弾力的です。つまり，わずかな価格の変化

図表4-1 牛乳と高級バターの価格・需要量

牛乳価格	需要量
200	12,000
300	11,000
400	10,000
500	9,000
600	8,000

高級バター価格	需要量
300	15,000
350	12,000
400	9,000
450	6,000
500	3,000

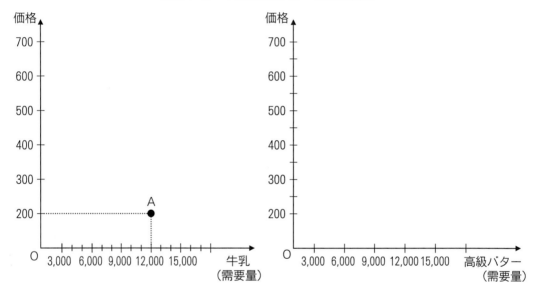

図表4-2 牛乳と高級バターの需要曲線

でさえ需要量が大きく変化します。図表4-2から，牛乳の需要曲線の傾きが急になり，高級バターの需要曲線の傾きが緩やかになることがわかります。

●需要曲線のシフト

商品の需要は価格以外の要因にも影響されて変化します。特定の需要曲線を図示するとき，需要に影響を与える価格以外の要因は変化しないものとして扱います。つまり，需要曲線とは，需要に影響を与える価格以外の要因はすべて変化しないと了解したうえで，商品の価格と需要量の関係を図示したものです。

それでは，需要に影響を与える価格以外の要因が変化したとき，需要曲線はどのように図示できるでしょうか。価格以外の要因によって需要が変化するので，どのような価格であれ，その価格のもとで需要量が変化します。このような価格以外の要因が変化した場合

の需要の変化は，需要曲線の全体的な移動（シフト）として図示されます。需要曲線のシフトは，価格以外の要因による需要の変化を表す一方，価格の変化による需要量の変化は，需要曲線上の動きによって表されます。

商品の需要に影響を与える価格以外の要因の中で経済的な要因は，所得の変化と別の商品の価格の変化などがあります。所得が増えれば予算が増えるので，家計は需要を増やします。したがって，所得の増加は需要曲線を右方にシフトさせます。

別の商品の価格の変化も需要曲線をシフトさせます。例えば，コメの価格が上昇すれば，和食は食費の負担を重くするので，毎日の朝食を洋食にする家計が増えます。このように，コメの価格の上昇はパンの需要を増やします。そして，コメとパンの関係のように一方の商品の価格の上昇が他方の商品の需要を増やす場合，2つの商品を互いに代替財と呼びます。つまり，ある商品の代替財の価格の上昇は需要曲線を右方にシフトさせます。

また，パンにいつもジャムをつけて食べる家計にとって，ジャムの価格が上昇すれば，洋食は食費の負担を重くするので，毎日の朝食を和食にする家計が増えます。このように，ジャムの価格の上昇はパンの需要を減らします。そして，パンとジャムの関係のように一方の商品の価格の上昇が他方の商品の需要を減らす場合，2つの商品を互いに補完財と呼びます。つまり，ある商品の補完財の価格の上昇は需要曲線を左方にシフトさせます。

さらに，非経済的な要因も需要曲線をシフトさせます。例えば，生活習慣の変化が商品の需要を変えることがあります。つまり，和食中心の生活習慣が見直されて，毎日の朝食を洋食から和食に変える家計が増えれば，パンの価格が変化しないとしてもパンの需要は減ります。すなわち，この生活習慣の変化はパンの需要曲線を左方にシフトさせます。

> **まとめ**
> 価格以外の要因による需要の変化　⇒　需要曲線のシフト

●需要曲線のシフトについての図解

図表4-3を使って，需要曲線のシフトを図解します。図表4-3には，パンの需要曲線が図示されています。ここで，コメの価格の上昇があらゆる価格でパンの需要量を200個増加させるとします。このとき，パンの需要曲線を図表4-3に書き込みます。例えば，パンの価格が300円のとき，パンの需要量が200個から400個に増加します。また，パンの価格が150円のとき，パンの需要量が400個から600個に増加します。これらに対応する点を図表4-3に書き込みます。同様の方法によって，あらゆるパンの価格における需要量の変化を図示できます。このとき，パンの需要曲線は右方にシフトします。

また，家計の嗜好の変化があらゆるパンの価格でパンの需要量を100個減少させるとします。このとき，パンの需要曲線を図表4-3に書き込みます。例えば，パンの価格が

図表4-3 需要曲線のシフト

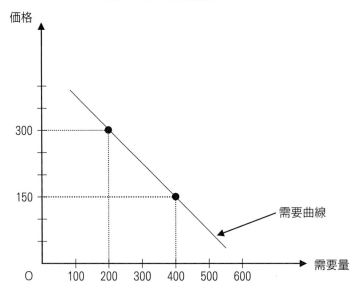

150円のとき，パンの需要量が400個から300個に減少します。また，パンの価格が300円のとき，パンの需要量が200個から100個に減少します。これらに対応する点を図表4-3に書き込みます。同様の方法によって，あらゆる価格における需要量の変化を図示できます。このとき，パンの需要曲線は左方にシフトします。

●需要曲線の分解

これまでの需要曲線は，商品の価格と経済全体の需要量の関係を図示したものです。ここで，各家計の個別需要曲線と経済全体の需要曲線を区別します。家計の個別需要曲線は，商品の価格とその家計にとっての需要量の関係を図示したものです。経済全体の需要曲線は各家計の個別需要曲線に分解できます。そして，各家計の個別需要曲線を横に足し合わせることによって，経済全体の需要曲線を求めることができます。

> **まとめ**
> 個別需要曲線を横に足し合わせる ⇒ 経済全体の需要曲線

●需要曲線の分解についての図解

図表4-4を使って，各家計の個別需要曲線と経済全体の需要曲線の関係を図解します。単純化のために，アイコとイチローの2人からなる経済を考えます。図表4-4の左図には，アイコのパンの個別需要曲線が図示されています。図表4-4の中図には，イチローのパンの個別需要曲線が図示されています。図表4-4の右図には，経済全体の需要

図表 4-4 需要曲線の分解

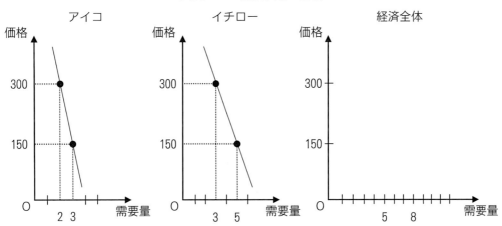

曲線を図示します。例えば，パンの価格が300円のとき，アイコのパンの需要量が2個，イチローのパンの需要量が3個であることがわかります。そして，アイコとイチローからなる経済では，経済全体のパンの需要量は5個になります。これに対応する点を図表4-4の右図に書き込みます。同様の方法によって，あらゆる価格における各家計の需要量と経済全体の需要量の関係を図示できます。このとき，経済全体の需要曲線は2人の個別需要曲線を横に足し合わせたものになります。

ここでは，アイコとイチローの2人からなる経済を考えましたが，多数の家計が経済に存在したとしても，同様の方法で経済全体の需要曲線を求めることができます。

[演習問題]

1 テキストを読み，図表4-2を完成させなさい。

2 テキストを読み，図表4-3を完成させなさい。

3 テキストを読み，図表4-4を完成させなさい。

4 以下の文章の下線部に適切な語句を入れなさい。

右下がりの需要曲線は_____を表します。価格の変化に対する需要量の変化の大きさを表す指標を_____と呼びます。価格以外の要因が変化した場合の需要の変化は，需要曲線の_____で表されます。家計の個別需要曲線を_____に足し合わせることによって，経済全体の需要曲線を求めることができます。

◎キーワード：効用，効用最大化，消費者余剰

> POINT
>
> 　家計が商品を消費することから得る満足を効用と呼びます。効用はしばしば商品に対する支払い意欲で測定されます。商品の需要量を1単位だけ増やすときに得られる効用を限界効用と呼びます。家計が支払ってもよいと思う金額と実際に支払う金額との差額を消費者余剰と呼び，市場取引から得られる家計の利益を表します。家計の効用最大化行動からその家計の個別需要曲線を求めることができます。

● **需要と効用**

　家計が商品を消費するのは，そこから満足を得るためです。例えば，ラーメンを食べて空腹を満たしたり，映画を鑑賞して感動したりすることには，商品を消費することで満足を得るという共通点があります。そして，商品を消費することから得られる満足を**効用**と呼びます。

　効用は，家計が商品を消費することから得る満足を数値で表現したものです。しかし，商品を消費するとき，その満足を数値で言い表すことに疑問を感じる読者もいるかもしれません。これはもっともな疑問ですが，家計が商品を消費するとき，家計の支払い意欲をたずねることで，効用は金銭単位で表現できます。例えば，アイコがホラー映画よりも恋愛映画が好きならば，彼女はホラー映画を鑑賞するよりも恋愛映画を鑑賞するために多く支払ってもよいと考えるはずです。つまり，家計の支払い意欲が高いほど満足を表す効用も高いはずです。また，家計はできれば商品をたくさん消費したいと考えるのが自然です。このため，商品の需要量が多いほど支払い意欲が増えて効用が高くなります。

　第1章で説明したように，経済活動における家計の目的は効用最大化です。ここでは，家計が効用を最大化するために必要な条件を説明します。このとき重要となるのが需要量の微調整です。すなわち，需要量を1単位だけ増やすときに，どのくらいの満足が得られ

るかを理解することが重要です。商品の需要量を1単位だけ増やすときに得られる効用を**限界効用**と呼びます。限界効用は，商品の需要量を増やしていくと次第に減少していくと考えることが自然です。なぜなら，どのような商品でも最初のうちは大きな満足を得られますが，需要量を増やしていくと，次第にその商品に慣れて飽きていくからです。限界効用はこのような商品に対する慣れや飽きを表すことができます。そして，この現象を限界効用逓減の法則と呼びます。

> **まとめ**
> 　　　　　家計の支払い意欲　⇒　金銭単位で測定した効用

●需要と効用についての図解

　図表5-1と図表5-2を使って，需要と効用の関係を図解します。図表5-1には，イチローのコーヒーの需要量と彼の支払い意欲で表現された効用の関係が図示されています。ここで，コーヒーは1杯単位で消費できるものとします。

　まずは，図表5-1からわかることを読み取ります。図表5-1から，イチローにとってコーヒー1杯には500円，2杯には900円，3杯には1,250円の支払い意欲があることがわかります。これを効用という用語を用いて表現すると，「イチローは，コーヒー1杯からは500円の効用，コーヒー2杯からは900円の効用，コーヒー3杯からは1,250円の効用を得る」となります。イチローの効用はコーヒーの需要量が多いほど高まります。これは，イチローはできればたくさんのコーヒーを消費したいと考えていることを意味します。

　また，図表5-1から，イチローがすでにコーヒー1杯を消費しているとき，2杯目のコーヒーから400（＝900－500）円の限界効用が得られることがわかります。イチローがすでにコーヒー2杯を消費しているとき，3杯目のコーヒーから350円の限界効用が得ら

図表5-1　効用と限界効用

コーヒーの需要量	支払い意欲（効用）	限界効用
0	0	
1	500	500
2	900	400
3	1,250	350
4	1,550	300
5	1,800	250
6	2,000	200

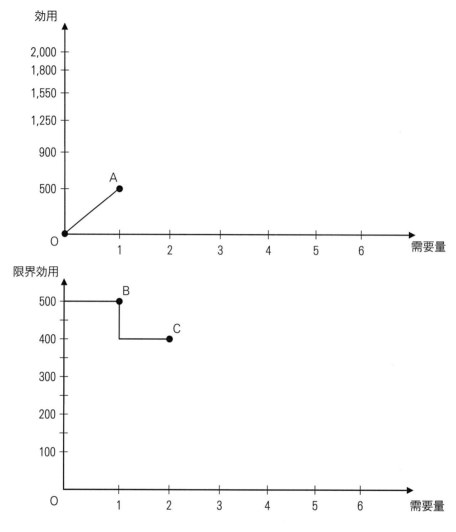

図表 5-2　効用曲線と限界効用曲線

れることがわかります。さらに，図表 5-1 から，コーヒーの需要量が増えるにつれて限界効用が減少することがわかります。これが限界効用逓減の法則です。

次に，図表 5-1 から読み取れることを図表 5-2 に書き込みます。図表 5-2 の上図にコーヒーの需要量と効用の関係を図示します。完成した図を効用曲線と呼びます。イチローがコーヒーを消費していないとき，彼の効用は 0 円です。図表 5-2 の上図では，これは原点に対応します。そして，イチローはコーヒー 1 杯から 500 円の効用を得ます。図表 5-2 の上図では，これに対応する A 点が書き込まれています。図表 5-1 を参考にして，コーヒー 2 杯以降のイチローの効用を図表 5-2 の上図に書き込みます。それから，書き込んだ点をそれぞれ直線で結びます。図表 5-2 の上図では，すでに原点と A 点が直線で結ばれています。そして，需要量が増えるほどイチローの効用も高まるので，効用曲

線は右上がりになります。

さらに，図表5-2の下図にコーヒーの需要量と限界効用の関係を図示します。完成した図を限界効用曲線と呼びます。イチローがコーヒーを消費していないとき，1杯目のコーヒーから500円の限界効用が得られます。図表5-2の下図では，これに対応するB点が書き込まれ，B点から縦軸に水平線が引かれています。イチローがコーヒーを1杯消費しているとき，2杯目のコーヒーから400円の限界効用が得られます。図表5-2の下図では，これに対応するC点が書き込まれ，B点と階段状に結ばれています。同様の方法によって，図表5-2の下図に3杯目以降の限界効用に対応する点を書き込み，それらを階段状に結びます。限界効用逓減の法則によって，限界効用曲線は右下がりになります。

ここで，限界効用曲線がなぜ階段状になるか説明します。これは，イチローはコーヒーを1杯単位で消費するという仮定に基づきます。もし，コーヒーの需要量をいくらでも細かい単位で微調整できるならば，限界効用曲線の階段も細かくなり，やがてそれは滑らかな右下がりの曲線とみなすことができるようになります。

●効用最大化

さて，家計が効用を最大化するために必要なことは商品の需要量の微調整でした。そこでは，家計は限界効用と商品の価格を比較することで需要量の微調整を行います。すなわち，もし商品の需要量を1単位だけ（微少に）増やしたときに得られる効用（限界効用）がそのためにかかる費用（商品の価格）を上回るならば，家計はその差額分の効用を増やす余地があります。つまり，もし家計が効用を最大化しているならば，この微調整ができないことになります。このように，<u>家計が効用を最大化するためには，限界効用が商品の価格を下回るまで商品の需要量を増やす必要があります</u>。

また，家計の効用最大化を前提とすると，家計の個別需要曲線と限界効用曲線は同じ曲線を2つの異なる方法で解釈したものだとわかります。すなわち，個別需要曲線は縦軸から横軸に解釈します。つまり，価格が与えられたとき，商品の需要量を読み取ります。一方，限界効用曲線は横軸から縦軸に解釈します。つまり，需要量が与えられたとき，そこから得られる限界効用を読み取ります。

> **まとめ**
> 商品の需要量を限界効用＜価格まで増やす　⇒　効用最大化の必要条件

●効用最大化についての図解

図表5-3を使って，家計の効用最大化を図解します。図表5-3には，イチローのコーヒーに対する限界効用曲線が図示されています。まずは，市場で決まる価格のもとでイチ

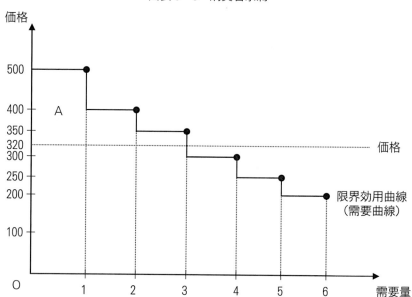

図表5-3 消費者余剰

ローの効用を最大化するコーヒーの需要量を求めます。そして，効用を最大化するためには，限界効用が商品の価格を下回るまで需要量を増やす必要があります。そこで，コーヒーの価格が320円だとします。図表5-3では，コーヒーの価格を表す水平線（価格線）が図示されています。

図表5-3から，イチローの限界効用がコーヒーの価格を初めて下回るのは4杯目のコーヒーだとわかります。すなわち，イチローは4杯目のコーヒーから300円の限界効用を得ますが，そのコーヒーを消費するために320円を支払う必要があります。これは，イチローは4杯目のコーヒーに対して支払うつもりはなく，コーヒーを3杯消費することを意味します。つまり，イチローの限界効用曲線とコーヒーの価格線が交わるコーヒーの需要量でイチローは効用を最大化します。この分析はあらゆる価格に適用できるので，コーヒーの価格が与えられたとき，イチローの限界効用曲線からコーヒーの需要量を求めることができます。すなわち，効用最大化を前提にすることによって，イチローの個別需要曲線は彼の限界効用曲線に別の解釈を与えて求められます。

● **消費者余剰**

家計が商品を消費することによって得られる利益を説明します。ここで，家計が支払ってもよいと思う金額と実際に支払う金額が異なることに注意します。例えば，アイコがホラー映画よりも恋愛映画に多く支払ってもよいと思うからといって，彼女がホラー映画よりも恋愛映画に多く支払うわけではありません。家計の支払い意欲はその好みを反映して

いるのに対して，実際に支払う金額は市場における需要と供給の一致によって決まります。

商品を消費することによって，家計は支払い意思額と実際に支払う金額との差額だけ利益を得ます。つまり，家計はある商品に対して支払う意思はあったものの，支払わずにすんだことによって利益を得ています。そして，この利益を**消費者余剰**と呼びます。

一般的に，家計の消費者余剰は，個別需要曲線として解釈された限界効用曲線と市場で決まる商品の価格線で囲まれた領域で表されます。

> **まとめ**
> 支払い意思額と実際に支払う金額との差額　⇒　消費者余剰

●消費者余剰についての図解

図表5-3を使って，消費者余剰を図解します。図表5-3には，イチローの限界効用曲線が図示されています。イチローの限界効用曲線は彼の個別需要曲線でもあります。コーヒーの価格は320円です。イチローは1杯目のコーヒーから180（＝500－320）円の利益を得ます。そして，この利益は領域Aで図示されます。同様に，イチローは2杯目，3杯目のコーヒーからそれぞれ80円と30円の利益を得ます。そして，これらの利益の合計は290円です。この金額は，イチローがコーヒーを消費することから得る消費者余剰です。このとき，消費者余剰はイチローの個別需要曲線と価格線で囲まれた領域で図示されます。そして，この領域に斜線を入れます。

演習問題

1　テキストを読み，図表5-2を完成させなさい。

2　テキストを読み，図表5-3を完成させなさい。

3　以下の文章の下線部に適切な語句を入れなさい。

家計が商品を消費することから得る満足を＿＿＿＿＿＿と呼びます。商品の需要量を1単位だけ増やすときに得られる満足を＿＿＿＿＿＿と呼びます。商品の需要量を増やしていけば，次第にその商品に慣れて飽きていく現象を＿＿＿＿＿＿の法則と呼びます。家計の支払い意思額と実際に支払う金額との差額を＿＿＿＿＿＿と呼びます。

6 価格と供給

◎キーワード：供給曲線，供給の価格弾力性，供給曲線のシフトと分解

> **POINT**
>
> 右上がりの供給曲線は供給法則を表します。価格が変化したとき，供給量がどのくらい変化するかを表す指標を供給の価格弾力性と呼びます。商品の供給に影響を与える価格以外の要因が変化したとき，供給曲線は全体的に移動（シフト）します。経済全体の供給曲線は各企業の個別供給曲線に分解できます。各企業の個別供給曲線を横に足し合わせることによって，経済全体の供給曲線を求めることができます。

●価格と供給

商品の価格と供給量の関係を図示したものを**供給曲線**と呼びます。通常，商品の価格が上昇すると，供給量が増加するので，供給曲線は右上がりになります。そして，この関係を**供給法則**と呼びます。つまり，右上がりの供給曲線は利潤を追求する企業の行動を捉えたものといえます。

> **まとめ**
>
> 　　　　　右上がりの供給曲線　⇒　供給法則

●供給の価格弾力性

右上がりの供給曲線から，価格が上昇すれば，供給量が増加することがわかりますが，価格の変化に対して供給量がどのくらい変化するのかを理解することが重要です。価格の変化に対する供給量の変化の大きさを表す指標を**供給の価格弾力性**と呼びます。

本書では，供給の価格弾力性を供給曲線の傾きと関係づけて説明します。価格の変化に対して供給量が大きく変化するとき，その供給曲線は価格に対して弾力的であるといいます。つまり，価格がわずかに上昇（下落）しても供給量が大幅に増加（減少）します。こ

の場合，供給量が価格に対して敏感に反応するため，供給曲線の傾きが緩やかになります。そして，供給の価格弾力性が無限大になるとき，供給曲線は水平になります。

一方，価格の変化に対して供給量がそれほど変化しないとき，その供給曲線は価格に対して非弾力的であるといいます。つまり，価格が大幅に上昇（下落）しないと供給量は増加（減少）しません。この場合，供給量が価格に対してあまり敏感に反応しないので，供給曲線の傾きが急になります。そして，供給の価格弾力性がゼロになるとき，供給曲線は垂直になります。

長期供給曲線の供給の価格弾力性は，短期供給曲線のそれに比べて大きくなります。例えば，農作物の価格が短期的に変化する場合，農家は農作物の生産を調整することは難しく，供給量を変えることができません。つまり，農作物の短期供給曲線は非弾力的です。そして，農作物の短期供給曲線の傾きは急になります。一方，農作物の価格が長期的なトレンドとして変化する場合，農家は農作物の作付けを変えることで生産の調整が可能であり，農作物の供給量を大きく変えることができます。つまり，農作物の長期供給曲線は弾力的です。そして，農作物の長期供給曲線の傾きは緩やかになります。

> **まとめ**
> 供給曲線の傾きが緩やか　⇒　価格に対して弾力的
> 供給曲線の傾きが急　⇒　価格に対して非弾力的

●供給の価格弾力性についての図解

図表6-1と図表6-2を使って，供給の価格弾力性を図解します。図表6-1には，小麦の価格と供給量の関係が図示されています。左表は小麦の短期価格と供給量の関係です。右表は小麦の長期価格と供給量の関係です。

まずは，図表6-2に小麦の供給曲線を図示します。図表6-2の左図に小麦の短期供給曲線を，そして右図に小麦の長期供給曲線を図示します。例えば，図表6-1から小麦の短期価格が800円のとき，供給量は800kgであるとわかります。図表6-2の左図には800円と800kgに対応するA点が書き込まれています。同様の方法ですべての点を書き込んだあと，それらの点を通る供給曲線を図示します。この方法は小麦の長期供給曲線の場合も同様です。

さて，図表6-1から，小麦の短期価格が600円から800円に変化したとき，供給量が700kgから800kgに変化することがわかります。一方，小麦の長期価格が600円から800円に変化したとき，供給量が400kgから800kgに変化することがわかります。これらの反応の違いは供給の価格弾力性と関係があります。

小麦の短期供給曲線は価格に対して非弾力的です。つまり，価格が変化しても供給量は

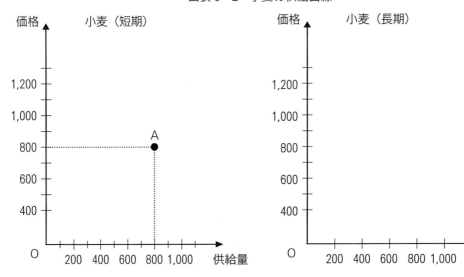

図表6-1 小麦の価格と供給量

短期価格	供給量	長期価格	供給量
400	600	500	200
600	700	600	400
800	800	700	600
1,000	900	800	800
1,200	1,000	900	1,000

図表6-2 小麦の供給曲線

ほとんど変化しません。一方、小麦の長期供給曲線は価格に対して弾力的です。つまり、わずかな価格の変化でさえ供給量が大きく変化します。図表6-2から、小麦の短期供給曲線の傾きが急になり、小麦の長期供給曲線の傾きは緩やかになることがわかります。

●供給曲線のシフト

　商品の供給は価格以外の要因にも影響されて変化します。特定の供給曲線を図示するとき、供給に影響を与える価格以外の要因は変化しないものとして扱います。つまり、供給曲線とは、供給に影響を与える価格以外の要因はすべて変化しないと了解したうえで、商品の価格と供給量の関係を図示したものです。

　それでは、供給に影響を与える価格以外の要因が変化したとき、供給曲線はどのように図示できるでしょうか。価格以外の要因によって供給が変化するので、どのような価格であれ、その価格のもとで供給量が変化します。このような価格以外の要因が変化した場合

の供給の変化は，供給曲線の全体的な移動（シフト）として図示されます。供給曲線のシフトは，価格以外の要因による供給の変化を表す一方，価格の変化による供給量の変化は，供給曲線上の動きで表されます。

　商品の供給に影響を与える価格以外の要因の中で経済的な要因は，商品を生産するのに用いられる投入物の価格の変化と，生産技術の向上や新規参入などがあります。投入物の価格が上昇すれば，商品を生産するための費用が増えます。同じ価格で商品が販売されるのであれば，利潤が圧迫されるので，企業は供給量を減らそうとします。したがって，投入物の価格の上昇は供給曲線を左方にシフトさせます。

　生産技術の向上も供給曲線をシフトさせます。例えば，生産のための新しい機械を導入したり，生産の効率化を図ったりすれば，企業は商品を生産するための費用を抑えることができます。同じ価格で商品を販売したとしても，企業は供給量を増やすことで利潤を増やせます。したがって，生産技術の向上は供給曲線を右方にシフトさせます。

　また，企業の新規参入も供給曲線をシフトさせます。例えば，市場が拡大している商品を供給する企業は大きな利潤を得ています。このとき，この市場には，利潤の獲得を目指して新たな企業が新規参入をします。そして，企業の新規参入は供給を増やします。すなわち，新規参入は供給曲線を右方にシフトさせます。

　さらに，非経済的な要因も供給曲線をシフトさせます。例えば，農作物の価格が変化しないとしても，天候不順や害虫の繁殖によって農作物の供給は減ります。すなわち，このような自然環境の変化は供給曲線を左方にシフトさせます。

> **まとめ**
> 　　　価格以外の要因による供給の変化　⇒　供給曲線のシフト

●供給曲線のシフトについての図解

　図表6-3を使って，供給曲線のシフトを図解します。図表6-3には，パンの供給曲線が図示されています。ここで，小麦の価格の上昇があらゆるパンの価格でパンの供給量を100個減少させるとします。このとき，パンの供給曲線を図表6-3に書き込みます。例えば，パンの価格が150円のとき，パンの供給量が350個から250個に減少します。また，パンの価格が50円のとき，パンの供給量が150個から50個に減少します。これらに対応する点を図表6-3に書き込みます。同様の方法によって，あらゆるパンの価格における供給量の変化を図示できます。このとき，パンの供給曲線が左方にシフトします。

　また，パンの生産技術の向上があらゆる価格でパンの供給量を50個増加させるとします。このとき，パンの供給曲線を図表6-3に書き込みます。例えば，パンの価格が50円のとき，パンの供給量が150個から200個に増加します。また，パンの価格が150円のと

図表6-3 供給曲線のシフト

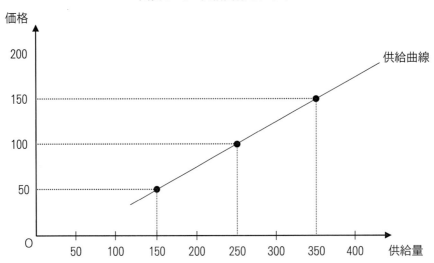

き，パンの供給量が350個から400個に増加します。これらに対応する点を図表6-3に書き込みます。同様の方法によって，あらゆる価格における供給量の変化を図示できます。このとき，パンの供給曲線が右方にシフトします。

●供給曲線の分解

これまでの供給曲線は，商品の価格と経済全体の供給量の関係を図示したものです。ここで，各企業の個別供給曲線と経済全体の供給曲線を区別します。企業の個別供給曲線は，商品の価格とその企業にとっての供給量の関係を図示したものです。経済全体の供給曲線は各企業の個別供給曲線に分解できます。そして，各企業の個別供給曲線を横に足し合わせることによって，経済全体の供給曲線を求めることができます。

> **まとめ**
>
> 個別供給曲線を横に足し合わせる　⇒　経済全体の供給曲線

●供給曲線の分解についての図解

図表6-4を使って，各企業の個別供給曲線と経済全体の供給曲線の関係を図解します。単純化のために，キムラヤとベーカリーズの2社からなる経済を考えます。図表6-4の左図には，キムラヤのパンの個別供給曲線が図示されています。図表6-4の中図には，ベーカリーズのパンの個別供給曲線が図示されています。図表6-4の右図には，経済全体の供給曲線を図示します。例えば，パンの価格が50円のとき，キムラヤのパンの供給量が100個，ベーカリーズのパンの供給量が50個であることがわかります。そし

図表 6-4 供給曲線の分解

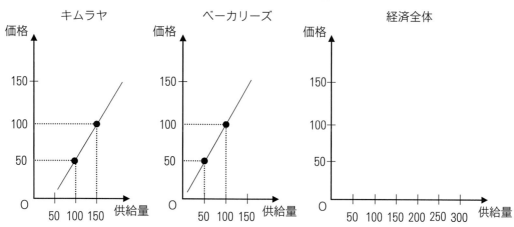

て，キムラヤとベーカリーズからなる経済では，経済全体のパンの供給量は150個になります。これに対応する点を図表 6-4 に書き込みます。同様の方法によって，あらゆる価格における各企業の供給量と経済全体の供給量の関係を図示できます。このとき，経済全体の供給曲線は 2 社の個別供給曲線を横に足し合わせたものになります。

ここでは，キムラヤとベーカリーズの 2 社からなる経済を考えましたが，多数の企業が経済に存在したとしても，同様の方法で経済全体の供給曲線を求めることができます。

演習問題

1 テキストを読み，図表 6-2 を完成させなさい。

2 テキストを読み，図表 6-3 を完成させなさい。

3 テキストを読み，図表 6-4 を完成させなさい。

4 以下の文章の下線部に適切な語句を入れなさい。

　右上がりの供給曲線は_____を表します。価格の変化に対する供給量の変化の大きさを表す指標を_____と呼びます。価格以外の要因が変化した場合の供給の変化は，供給曲線の_____で表されます。企業の個別供給曲線を_____に足し合わせることによって，経済全体の供給曲線を求めることができます。

 供給と費用

◎キーワード：総費用，固定費用，可変費用，平均費用，限界費用

> POINT
>
> 　企業が生産活動をするにはさまざまな費用がかかります。生産活動に関わるあらゆる費用を総費用と呼びます。少しでも生産活動をするのであれば供給量に関わらず必ずかかる費用を固定費用と呼びます。供給量に応じて変化する費用を可変費用と呼びます。供給量1単位あたりにかかる費用を平均費用と呼びます。商品の供給量を1単位だけ増やすときにかかる費用を限界費用と呼びます。

●利潤とは

　企業が商品を供給するのは，そこから儲けを得るためです。例えば，パン屋がパンを供給し，靴屋が靴を供給する動機は，社会の要望に応えようという慈悲心に基づく必要はなく，儲けを得るためという利己心に基づけば十分です。企業が商品を供給することから得る儲けを**利潤**と呼びます。利潤をもう少し正確に定義すると，企業の生産活動によって得られる収入からそれにかかる費用を引いたものです。このため，企業の生産活動を理解するためには，企業の費用構造を理解することが重要になります。

> まとめ
>
> 利潤＝収入－費用

●供給と費用

　生産活動に関わるあらゆる費用を**総費用**と呼びます。企業が生産活動を拡大しようとすると費用も多くかかると考えるのが自然です。このため，商品の供給量が多いほど総費用も大きくなります。少しでも生産活動をするのであれば供給量に関わらず必ずかかる費用を**固定費用**と呼びます。一方，供給量に応じて変化する費用を**可変費用**と呼びます。つまり，総費用は，固定費用と可変費用に分類でき，これらの費用の合計と等しくなります。

供給量1単位あたりにかかる費用を**平均費用**と呼びます。平均費用は総費用をそれぞれの供給量で割ることで求められます。商品の供給量が少ないとき、総費用のうちの固定費用の占める割合が大きく、供給量1単位あたりの費用である平均費用は大きくなります。このとき、企業が供給量を増やしていくと、固定費用は供給量で薄められていくので、平均費用は減少します。しかし、供給量が十分多くなると、総費用のうちの可変費用の占める割合が大きくなります。そして、以下で説明するように、企業が供給量を増やしていくと平均費用もやがて増加します。

　第1章で説明したように、経済活動における企業の目的は利潤最大化です。第8章では、完全競争市場で企業が利潤を最大化するために必要な条件を説明します。そこで重要となるのは供給量の微調整です。すなわち、供給量を1単位だけ増やすときに、どのくらいの費用がかかるかを理解することが重要です。商品の供給量を1単位だけ増やすときにかかる費用を**限界費用**と呼びます。限界費用は、商品の供給量を増やすと次第に増加すると考えられます。なぜなら、企業の生産設備や経営者の能力が一定だとすると、どのような商品でも供給量が少ないうちは少ない投入で生産できますが、供給量を増やせば、やがて多く投入しないと生産することができないからです。これは、供給量を増やすにつれて限界費用が次第に増加していくことを意味します。限界費用には、このような企業の投入と産出の関係が反映されています。そして、この現象を限界費用逓増の法則と呼びます。

　最後に、平均費用と限界費用の関係を説明します。平均費用が限界費用を上回るとき、商品の供給量を1単位だけ増やすと平均費用は減少します。逆に、平均費用が限界費用を下回るとき、商品の供給量を1単位だけ増やすと平均費用は増加します。つまり、商品の供給量を1単位だけ増やすとき、平均費用を下回る（上回る）限界費用で生産するのであれば平均費用を押し下げる（押し上げる）効果があります。

> **まとめ**
>
> 総費用＝固定費用＋可変費用
>
> 平均費用＞（＜）限界費用　⇒　平均費用が減少する（増加する）

●供給と費用についての図解

　図表7-1と図表7-2を使って、企業の費用構造を図解します。図表7-1には、キムラヤのパンの供給量とさまざまな費用の関係が図示されています。ここで、パンは1個単位で供給できるとします。また、単純化のために、図表7-1では、現実のパン屋の費用構造が必ずしも反映されません。

　まずは、図表7-1からわかることを読み取ります。図表7-1から、キムラヤにとってパン1個の供給には250円、2個の供給には260円の総費用がかかることがわかります。

図表 7-1　供給量と費用の関係

供給量	総費用	可変費用	平均費用	限界費用
0	0/240	—	0/∞	—
1	250	10	250	10
2	260	20	130	10
3	270	30	90	10
4	280	40	70	10
5	300	60	60	20
6	360	120	60	60
7	490	250	70	130
8	800	560	100	310

キムラヤの総費用はパンの供給量が多いほど大きくなります。

　キムラヤがパンを供給するには，最初に生産設備費や人件費などの固定費用がかかります。図表7-1で供給量がゼロのとき，総費用が0/240となるのは，生産活動をまったくしなければ，総費用はかからず，少しでも生産活動をすれば，供給量がゼロであっても総費用が240円かかる，ことを表します。すなわち，キムラヤにとって，固定費用は240円であることがわかります。

　一方，キムラヤがパンを供給するには，原材料費や光熱費などの可変費用がかかります。図表7-1から，キムラヤにとってパン3個の供給には30円，4個の供給には40円の可変費用がかかることがわかります。また，キムラヤの総費用は，固定費用と可変費用の合計であることがわかります。パン4個の供給には280円の総費用がかかりますが，そのうちの240円が固定費用であり，残りの40円が可変費用です。

　また，図表7-1から，キムラヤにとってパン5個の供給には60円の平均費用がかかることがわかります。すなわち，パン5個の供給には300円の総費用がかかるので，パン1個あたりの平均費用は60（＝300÷5）円と求められます。さらに，キムラヤがパン5個を供給しているとき，6個目のパンには60（＝360－300）円の限界費用がかかることがわかります。また，キムラヤがパン6個を供給しているとき，7個目のパンには130円の限界費用がかかることもわかります。そして，パンの供給量が増えるにつれて限界費用が増加することがわかります。これが限界費用逓増の法則です。

　次に，図表7-1から読み取れることを図表7-2に書き込みます。最初に，図表7-2の上図にパンの供給量と総費用の関係を図示します。完成した図を総費用曲線と呼びます。キムラヤがパンの生産活動をすると決めた時点で240円の固定費用がかかります。図

図表7-2 総費用曲線，平均費用曲線と限界費用曲線

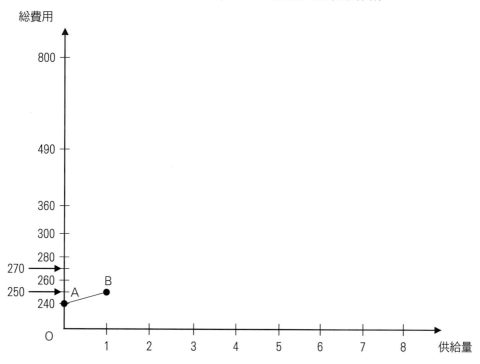

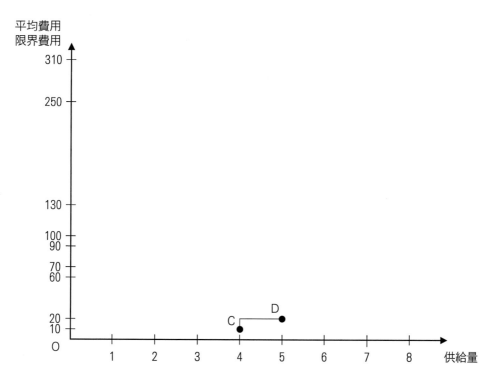

表 7 − 2 の上図には，これに対応する A 点が書き込まれています。そして，パン 1 個には 250 円の総費用がかかります。図表 7 − 2 の上図には，これに対応する B 点が書き込まれ，A 点と直線で結ばれています。同様の方法で，パン 2 個以降の総費用を図表 7 − 2 の上図に書き込み，書き込まれた点をそれぞれ直線で結びます。パンの供給量が増えるほど総費用が大きくなるので，総費用曲線は右上がりになります。

さらに，図表 7 − 2 の下図にパンの供給量と平均費用および限界費用の関係を書き込みます。完成した図をそれぞれ平均費用曲線と限界費用曲線と呼びます。総費用曲線を図示した方法と同様の方法によって，平均費用曲線を図示することができます。次に，限界費用曲線を図示します。キムラヤがパンをまだ供給していないとき，1 個目のパンから 4 個目のパンまでは 10 円の限界費用がかかります。また，5 個目のパンには 20 円の限界費用がかかります。図表 7 − 2 の下図には，4 個目のパンに対応する C 点と 5 個目のパンに対応する D 点が書き込まれ，階段状に結ばれています。同様の方法によって，図表 7 − 2 の下図に 1 個目から 3 個目と 6 個目以降の限界費用に対応する点を書き込み，それらを階段状に結びます。ただし，1 個目から 4 個目に対応する点は直線で結びます。限界費用逓増の法則によって，限界費用曲線は右上がりになります。

ここで，平均費用曲線と限界費用曲線の関係を説明します。完成した図が正しく図示されたとすると，平均費用曲線はおおよそ U 字型をしているはずです。すなわち，平均費用が限界費用を上回るとき平均費用は減少します。そして，平均費用が限界費用を下回るとき平均費用は増加します。図表 7 − 1 から，パン 5 個までは平均費用が限界費用を上回り，パン 7 個からは平均費用が限界費用を下回ることがわかります。したがって，パンの供給量が 5 個までは平均費用が減少するので，平均費用曲線が右下がりになります。一方，パンの供給量が 7 個からは平均費用が増加するので，平均費用曲線が右上がりになります。このように，平均費用曲線はおおよそ U 字型をします。さらに，平均費用と限界費用の大小関係から限界費用曲線は U 字型の平均費用曲線の底を通過していなければならないこともわかります。

最後に，限界費用曲線がなぜ階段状になるかを説明します。これは，キムラヤはパンを 1 個単位で供給するという仮定に基づきます。もし，パンの供給量をいくらでも細かい単位で微調整できるならば，限界費用曲線の階段が細かくなり，やがてそれは滑らかな右上がりの曲線とみなすことができるようになります。

演習問題

1　テキストを読み，図表7-2を完成させなさい。

2　以下の文章の下線部に適切な語句を入れなさい。

　企業の生産活動に関わるあらゆる費用を_____と呼びます。少しでも生産活動をするのであれば供給量に関わらず必ずかかる費用を_____と呼びます。供給量に応じて変化する費用を_____と呼びます。供給量1単位あたりにかかる費用を_____と呼びます。商品の供給量を1単位だけ増やすときにかかる費用を_____と呼びます。

コラム②　機会費用とサンクコスト

　第7章では，企業が生産活動をするための費用構造を説明しました。経済学には，他にもいくつかの費用概念があります。費用について考えるとき，一般的には直接支払う費用だけが考慮されます。しかし，経済学では，ある選択によって生じた費用だけでなく，別の選択をしていれば得られた利益も費用として考慮します。この費用を**機会費用**と呼びます。機会費用には，あきらめたお金にかぎらず，失われた時間の価値なども含まれることがあります。また，一般的には費用として考慮されるものの，経済学では考慮されない費用もあります。それは，すでに支出されて回収できない費用です。この費用を**サンクコスト**と呼びます。

　例えば，キムラヤはパンの生産活動を行わなければ，月収で最高30万円の賃金を得られる仕事に就けたとします。このとき，パンの生産活動における経済学的な費用には，パン屋を開店するために直接支払う費用だけでなく，その支払いを別の用途に使えば得られた収益や，パン屋を開店することであきらめた月収30万円も機会費用として含まれます。

　また，もしキムラヤがパン屋を開店するために，店の看板や広告などの固定費用をすでに支払ったならば，これらを回収することはできません。したがって，この固定費用の支払いはサンクコストになります。もしパン屋の経営に行き詰まり，パン屋を閉店するか否かを決めなければならないとすれば，キムラヤはすでに回収不可能になった固定費用を考慮するべきではありません。そして，たとえ赤字経営でもパン屋を閉店するとむしろ損失が大きくなるのであれば，キムラヤは経営を続けたほうがよいことになります。

供給と利潤

◎キーワード：完全競争市場，利潤最大化，生産者余剰

> POINT
>
> 多数の企業が市場に存在し，同質の商品を供給している場合，企業は商品の供給量を変化させてもその価格に影響を与えることはできません。これは，企業は価格支配力を持たないことを意味します。このような市場を完全競争市場と呼びます。商品の価格を所与として生産活動を行う企業をプライス・テイカーと呼びます。固定費用を引く前の利潤を生産者余剰と呼び，市場取引から得られる企業の利益を表します。企業の利潤最大化行動からその企業の個別供給曲線を求めることができます。

●**完全競争市場**

　企業の費用構造を理解したところで，企業が利潤を最大化するために必要な条件を説明します。しかしその前に，企業（そして家計）が直面する市場の特徴を説明する必要があります。そして，理想的な市場経済の特徴を持つ市場を**完全競争市場**と呼びます。

　完全競争市場には，以下のような特徴があります。まず，完全競争市場には，多数の家計と企業が存在します。また，家計と企業は市場に参入したり，市場から退出したりすることが自由であるため，潜在的にも多数の家計と企業が存在します。次に，完全競争市場で取引される商品は同質です。このような商品をコモディティと呼びます。商品が同質であるため，家計も企業も誰と取引するかが問題とならず，どれだけ買うか，あるいはどれだけ売るかという問題を商品の価格のみによって決めることになります。また，潜在的に多数の家計と企業が存在することから，家計も企業も市場で決まる価格で商品を好きなだけ買ったり，売ったりすることができます。

　このような完全競争市場における重要な仮定は，企業（家計）が商品の供給量（需要量）を変化させても商品の価格に影響を与えることができない，というものです。つまり，完全競争市場では，企業（家計）は市場で決まる価格を所与として商品の供給量（需

要量）を決めます。このように，多数の家計と企業が同質の商品をめぐって取引をする完全競争市場では，家計も企業も価格支配力を持たないのです。このような企業（そして家計）を**プライス・テイカー**と呼びます。

完全競争市場は，現実に観察される市場を正確に記述するためではなく，市場経済が理想的に機能したとしたら，どのような資源配分がもたらされるかを理解するために考え出されたといえます。それでも，現実に観察される市場のうち，株式市場などは完全競争市場に近い市場といえます。買い手がある企業の株式を1株1,000円で100株買うとき，自分が売り手によって選ばれるかどうかを気にすることはありません。また，売り手が誰かに売り込みをかけることもありません。このように，買い手も売り手も，株式市場における需要と供給が一致する価格で好きなだけ株式を取引できると考えるでしょう。

> **まとめ**
> 　　　　完全競争市場　⇒　家計も企業もプライス・テイカー

●利潤最大化

企業が利潤を最大化するために必要な条件を説明します。第7章では，企業が利潤を最大化するために必要なことは，商品の供給量の微調整であると説明しました。そこでは，企業は商品の価格と限界費用を比較することで微調整を行います。すなわち，もし商品の供給量を1単位だけ（微少に）増やしたときに得られる収入（商品の価格）がそのためにかかる費用（限界費用）を上回るならば，企業はその差額分の利潤を増やす余地があります。つまり，もし企業が利潤を最大化しているならば，この微調整ができないことになります。このように，企業が利潤を最大化するためには，商品の価格が限界費用を下回るまで商品の供給量を増やす必要があります。

完全競争市場では，プライス・テイカーの仮定によって，企業が商品の供給量を変化させることで価格を変化させることができません。つまり，商品の供給量を1単位増やしたときに得られる収入は市場で決まる価格で一定になります。

また，企業の利潤最大化を前提とすると，企業の個別供給曲線と限界費用曲線は同じ曲線を2つの異なる方法で解釈したものだとわかります。すなわち，個別供給曲線は縦軸から横軸に解釈します。つまり，価格が与えられたとき，商品の供給量を読み取ります。一方，限界費用曲線は横軸から縦軸に解釈します。つまり，供給量が与えられたとき，それにかかる限界費用を読み取ります。

> **まとめ**
> 　　　　商品の供給量を価格＜限界費用まで増やす　⇒　利潤最大化の必要条件

●利潤最大化についての図解

　図表8-1を使って，企業の利潤最大化を図解します。図表8-1には，キムラヤの限界費用曲線が図示されています。まずは，市場で決まる価格のもとで，キムラヤの利潤を最大化するパンの供給量を求めます。そして，利潤を最大化するためには，商品の価格が限界費用を下回るまで供給量を増やす必要があります。そこで，パンの価格が150円だとします。キムラヤはプライス・テイカーなので，価格150円を所与として利潤を最大化するようにパンの供給量を決めます。図表8-1には，パンの価格を表す水平線（価格線）が図示されています。

　図表8-1から，パンの価格がキムラヤの限界費用を初めて下回るのは8個目のパンだとわかります。すなわち，8個目のパンからは150円の収入が得られますが，そのパンを供給するためには310円がかかります。これは，キムラヤは8個目のパンを生産するつもりがなく，パンを7個供給することを意味します。つまり，キムラヤの限界費用曲線とパンの価格線が交わるパンの供給量でキムラヤは利潤を最大化します。この分析はあらゆる価格に適用できるので，パンの価格が与えられたとき，キムラヤの限界費用曲線からパンの供給量を求めることができます。すなわち，利潤最大化を前提することによって，キムラヤの個別供給曲線はその限界費用曲線に別の解釈を与えて求められます。

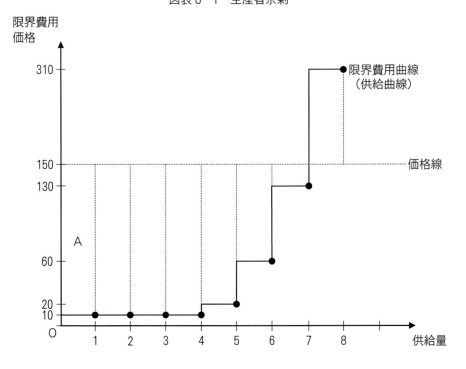

図表8-1　生産者余剰

●生産者余剰

企業が商品を供給することによって得られる利益を説明します。企業の利潤は，商品を供給することから得られる収入から費用を引いたもので定義されます。総費用には，固定費用が含まれていますが，固定費用は利潤を最大化するために必要な条件と関係がありません。そこで，商品を供給することから得られる収入から固定費用だけを引かずに求めた企業の利潤を考えます。この利潤を**生産者余剰**と呼びます。つまり，生産者余剰は固定費用を引く前の利潤といえます。

一般的に，企業の生産者余剰は，個別供給曲線として解釈された限界費用曲線と市場で決まる商品の価格線で囲まれた領域で表されます。

> **まとめ**
>
> 固定費用を引く前の利潤　⇒　生産者余剰

●生産者余剰についての図解

図表8-1を使って，生産者余剰を図解します。キムラヤの限界費用曲線はその個別供給曲線でもあります。パンの価格は150円です。キムラヤは1個目のパンから140（＝150－10）円の利益を得ます。そして，この利益の大きさは領域Aで図示されます。同様に，キムラヤは7個目までのパンからそれぞれ利益を得ます。これらの利益の合計は800円です。この金額は，キムラヤがパンを供給することから得る生産者余剰です。このとき，生産者余剰はキムラヤの個別供給曲線と価格線で囲まれた領域で図示されます。そして，この領域に斜線を入れます。

[演習問題]

1　テキストを読み，図表8-1を完成させなさい。

2　次の文章の下線部に適切な語句を入れなさい。

　完全競争市場では，企業は＿＿＿＿＿を持ちません。商品の価格を所与として生産活動を行う企業を＿＿＿＿＿と呼びます。完全競争市場では，企業が利潤を最大化するために必要な条件は，商品の供給量を価格が＿＿＿＿＿を下回るまで増やすことです。固定費用を引く前の利潤を＿＿＿＿＿と呼びます。

完全競争と資源配分

◎キーワード：市場均衡，最適資源配分

> **POINT**
>
> 　経済学における最も重要な結論の1つは，完全競争市場が最適資源配分をもたらすということです。すなわち，完全競争市場では，資源配分問題がすべて解決されます。最適資源配分がもたらされるために必要な3つの条件があります。完全競争市場はこれら3つの条件を満たすので，最適資源配分をもたらします。

●最適資源配分

　経済学における最も重要な結論の1つは，完全競争市場が**最適資源配分**をもたらすということです。すなわち，完全競争市場では，第1章で説明した資源配分問題がすべて理想的に解決されます。ここでは，完全競争市場によってもたらされる資源配分がどのように望ましいのかを説明します。

　まずは，資源配分問題を構成する3つの経済問題を再検討します。説明の都合から，経済問題③から順に検討します。経済問題③は，誰のために生産されるべきかという問題で，いい換えると，誰が商品を消費するべきかという需要側の問題といえます。経済問題②は，どのような方法で生産されるべきかという問題で，いい換えると，誰が商品を生産するべきかという供給側の問題といえます。経済問題①は，何が（どれだけ）生産されるべきかという問題で，いい換えると，どの商品を（どれだけ）取引するべきかという需給両側の問題といえます。このように，資源配分問題は，需要側の問題，供給側の問題，そして需給両側の問題から構成されるといえます。最適資源配分がもたらされるためには，この3つの経済問題がすべて解決されなければなりません。以下では，完全競争市場は3つの経済問題が解決されるために必要な条件を満たすことを説明します。

> **まとめ**
>
> 　　完全競争市場　⇒　最適資源配分をもたらすために必要な条件を満たす

●需要側の条件

資源配分問題における需要側の問題を解決するために必要な条件を説明します。そして，需要側の問題を解決するとは，商品を消費することから得られる利益を最大にすることです。ここでは，単純化のために，アイコとイチローの2人からなる経済で，それぞれがパンを1個だけ消費するという問題を考えます。また，アイコの限界効用を100円とします。一方，イチローの限界効用を50円とします。

ここで，需要側の問題を解決するための必要条件は，<u>限界効用が小さい家計（ここでは，イチロー）だけがパンを消費する状況ではない</u>，というものです。この条件を理解するために，イチローだけがパンを消費する状況から逸脱することで2人が利益を増やせる方法を考えます。ここで，イチローは50円で買ったパンをアイコに75円で売るとします。このとき，イチローは（自分がパンを消費するより）25円の利益を得ます。一方，アイコも100円の支払い意欲のあるパンが，75円でイチローから買えたので，25円の利益を得ます。このように，イチローだけがパンを消費する状況では，2人の利益を改善できる余地があり，2人の利益が最大になりません。

> **まとめ**
> 限界効用の小さい家計だけが商品を消費する状況ではない　⇒　需要側の必要条件

●需要側の条件についての図解

図表9-1を使って，最適資源配分のための需要側の必要条件を図解します。図表9-1には，第4章で説明した図表4-4のように，アイコとイチローの2人からなる経済が図示されています。

第5章で説明したように，家計の効用最大化を前提とすると，家計の個別需要曲線はその限界効用曲線に別の解釈を与えて求められます。また，家計が効用を最大化するための必要条件は，限界効用が価格を下回るまで商品の需要量を増やすことです。図表9-1では，アイコとイチローの限界効用曲線は直線なので，2人は無限に小さい単位でパンの需要量を微調整すると解釈できます。このとき，効用最大化のための必要条件は，パンの限界効用が価格と等しくなるまでパンの需要量を増やすことです。したがって，パンの価格が150円のとき，2人はパンの限界効用がちょうど150円になるまでパンを消費しています。このとき，完全競争市場では，限界効用が小さい家計だけがパンを消費する状況ではないという，最適資源配分のための需要側の必要条件が満たされています。

完全競争市場では，各家計が同じ価格に直面するので，各家計の限界効用が価格に等しくなります。そして，これは重要な意味を持ちます。上の例では，パンの価格が150円のとき，経済全体で消費される最後の8個目のパンの限界効用（限界便益）は，それをどち

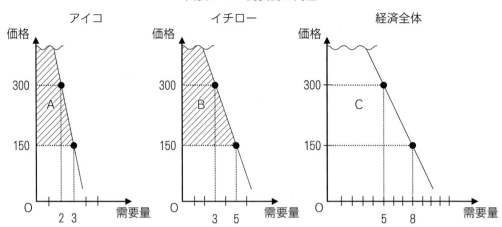

図表9-1 需要側の問題

らが消費することになっても150円です。したがって，経済全体の需要曲線は，それを横軸から縦軸に読むことで，社会的限界便益を表すことがわかります。

最後に，各家計の消費者余剰と経済全体の消費者余剰との関係を説明します。図表9-1には，パンの価格が150円のとき，アイコとイチローの消費者余剰が領域AとBで図示されています。経済全体の消費者余剰は，各家計の消費者余剰の合計です。そして，経済全体の消費者余剰は，経済全体の需要曲線と価格線で囲まれた領域で表されます。図表9-1には，経済全体の消費者余剰が領域Cで図示されています。そして，この領域に斜線を入れます。

●供給側の条件

資源配分問題における供給側の問題を解決するために必要な条件を説明します。そして，供給側の問題を解決するとは，商品を供給することから得られる利益を最大にすることです。ここでは，単純化のために，キムラヤとベーカリーズの2社からなる経済で，それぞれがパンを1個だけ供給するという問題を考えます。また，キムラヤの限界費用は50円とします。一方，ベーカリーズの限界費用は100円とします。

ここで，供給側の問題を解決するための必要条件は，<u>限界費用が大きい企業（ここでは，ベーカリーズ）だけがパンを供給するという状況ではない</u>，というものです。この条件を理解するために，ベーカリーズだけがパンを供給する状況から逸脱することで2社が利益を増やせる方法を考えます。ここで，ベーカリーズは100円で売るパンを自分で生産せずに，キムラヤに75円で下請させます。このとき，ベーカリーズは（自社がパンを供給するより）25円の利益を得ます。一方，キムラヤも50円で供給できるパンを75円でベーカリーズに売ったので，25円の利益を得ます。このように，ベーカリーズだけがパンを供給する状況では，2社の利益を改善できる余地があり，2社の利益が最大になりません。

> **まとめ**
> 限界費用の大きい企業だけが商品を供給する状況ではない ⇒ 供給側の必要条件

●供給側の条件についての図解

図表9-2を使って，最適資源配分のための供給側の必要条件を図解します。図表9-2には，第6章で説明した図表6-4のように，キムラヤとベーカリーズの2社からなる経済が図示されています。

第8章で説明したように，企業の利潤最大化を前提とすると，企業の個別供給曲線はその限界費用曲線に別の解釈を与えて求められます。また，企業が利潤を最大化するための必要条件は，価格が限界費用を下回るまで商品の供給量を増やすことです。図表9-2では，キムラヤとベーカリーズの限界費用曲線は直線なので，2社は無限に小さい単位でパンの供給量を微調整すると解釈できます。このとき，利潤最大化の必要条件は，パンの限界費用が価格と等しくなるまでパンの供給量を増やすことです。したがって，パンの価格が100円のとき，2社はパンの限界費用がちょうど100円になるまでパンを供給します。このとき，完全競争市場では，限界費用が大きい企業だけがパンを供給する状況ではないという，最適資源配分のための供給側の必要条件が満たされています。

完全競争市場では，各企業が同じ価格に直面するので，各企業の限界費用が価格に等しくなります。そして，これは重要な意味を持ちます。上の例では，パンの価格が100円のとき，経済全体で供給される最後の250個目のパンの限界費用は，それをどちらの企業が供給することになっても100円です。したがって，経済全体の供給曲線は，それを横軸か

図表9-2　供給側の問題

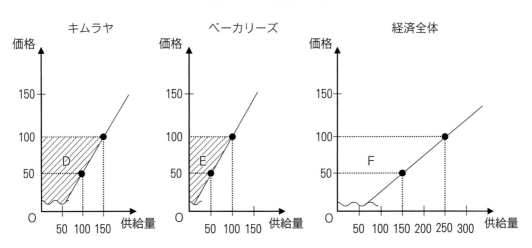

ら縦軸に読むことで，社会的限界費用を表すことがわかります。

最後に，各企業の生産者余剰と経済全体の生産者余剰との関係を説明します。図表9-2には，パンの価格が100円のとき，キムラヤとベーカリーズの生産者余剰が領域DとEで図示されています。経済全体の生産者余剰は，各企業の生産者余剰の合計です。そして，経済全体の生産者余剰は，経済全体の供給曲線と価格線で囲まれた領域で表されます。図表9-2には，経済全体の生産者余剰が領域Fで図示されています。そして，この領域に斜線を入れます。

●需給両側の条件

資源配分問題における需給両側の問題を解決するために必要な条件を説明します。そして，需給両側の問題を解決するとは，商品を取引することから得られる利益を最大にすることです。ここでは，単純化のために，アイコとキムラヤからなる経済で，それぞれがパンを1個だけ取引するという問題を考えます。パンの取引が成立しうるように，アイコの限界効用がキムラヤの限界費用を上回るとします。このとき，アイコの限界効用が100円とします。一方，キムラヤの限界費用は50円とします。

ここで，需給両側の問題を解決するための必要条件は，取引が成立する，というものです。この条件を理解するために，取引が成立しない状況から逸脱することでこの家計と企業が利益を増やせる方法を考えます。ここで，アイコが75円でキムラヤからパンを買うという取引をします。このとき，アイコもキムラヤも（取引しないより）25円の利益を得ます。このように，取引が成立しない状況では，この家計と企業の利益を改善できる余地があり，その利益が最大になりません。そして，商品を1個以上取引する場合には，<u>限界効用（限界便益）が限界費用を下回るまで商品の取引を増やせば，その利益が最大になることがわかります</u>。

まとめ

商品の取引を限界便益＜限界費用まで増やす　⇒　需給両側の必要条件

●需給両側の条件についての図解

図表3-3を再び使って，最適資源配分のための需給両側の必要条件を図解します。第3章で説明した図表3-3には，パンの需要曲線と供給曲線が図示されていました。先ほど説明したように，横軸から縦軸に読むことで，経済全体の需要曲線は社会的限界便益を，経済全体の供給曲線は社会的限界費用を表します。完全競争市場では，市場の均衡点でパンの取引量が決まり，社会的限界便益と社会的限界費用が均衡価格に等しくなります。そして，どの家計も企業も同じ価格で経済活動をしています。このとき，（社会的）

限界便益が（社会的）限界費用を下回るまで商品の取引を増やす，という最適資源配分のための需給両側の必要条件が満たされています。

> 演習問題

1 テキストを読み，図表9-1を完成させなさい。

2 テキストを読み，図表9-2を完成させなさい。

3 以下の文章の下線部に適切な語句を入れなさい。

　経済学における最も重要な結論の1つは，完全競争市場が＿＿＿＿をもたらすということです。資源配分問題における需給両側の問題を解決するためには，商品の取引を社会的＿＿＿＿が社会的＿＿＿＿を下回るまで増やす必要があります。市場の＿＿＿＿では，これらが均衡価格に等しくなるので，この条件が満たされます。

コラム③　経済学の規範的アプローチ

　第9章では，完全競争市場は最適資源配分をもたらすことを説明しました。資源配分を評価する問題のような，価値判断を含む経済問題を扱う経済学の分野を厚生経済学と呼びます。規範的な経済問題にアプローチするためには，価値判断の根拠となる価値ある対象を特定しなければなりません。そこで，「価値ある対象は何か」とたずねられれば，「富」「幸福」「自由」「平等」などさまざまな意見がありえます。

　伝統的な厚生経済学では，家計の「効用」が唯一の価値ある対象だとみなされてきました。そして，家計の「効用」が唯一の価値ある対象だとすると，次のような非常に緩やかな価値判断をすることができます。すなわち，「ある状態 x が別の状態 y と比較して，どの家計の効用も減らすことなく，ある家計の効用を増やすことができるならば，x は y よりも望ましい」。そして，この価値判断を**パレート原理**と呼びます。価値ある対象が家計の「効用」にかぎられてしまえば，パレート原理は非常にもっともらしいといえます。しかし，価値ある対象が本当に家計の「効用」だけにかぎられるのかという問題や，そもそも家計の「効用」は価値ある対象なのかという問題は自明ではありません。最近の厚生経済学では，このような価値判断の根拠を問い直すことが重要な研究課題となっています。

10 余剰分析

◎キーワード：余剰分析，過剰供給，過少供給

> **POINT**
>
> 　消費者余剰と生産者余剰の合計である社会的総余剰の大きさによって，資源配分の望ましさを評価する方法を余剰分析と呼びます。社会的総余剰が最大になるという意味で，完全競争市場における資源配分は望ましいといえます。しかし，現実の経済では，政府が市場に介入し，その結果として資源配分の歪みがしばしば観察されます。これは，政府の規制や課税による市場への介入が，家計や企業の直面する価格を歪めることでもたらされます。

●余剰分析

　完全競争市場では，最適資源配分がもたらされます。ここでは，**余剰分析**を使ってこれを説明します。余剰分析とは，消費者余剰と生産者余剰の合計である社会的総余剰の大きさによって，資源配分の望ましさを評価する方法です。現実の経済では，政府が市場に介入することがあります。政府介入がある場合には，その介入によって得られた（あるいは失われた）政府収入も社会的総余剰に加えます。

　もし市場が理想的に機能するならば，社会的総余剰が最大になります。しかし，政府の規制や課税による市場への介入は，理想的な市場の機能を妨げ，家計や企業が直面する価格を歪めます。第9章で説明したように，最適資源配分がもたらされるための3つの条件を満たすためには，家計も企業も同じ価格のもとで経済活動を行うことが重要です。家計も企業も政府介入による歪んだ価格のもとで経済活動を行えば，その結果として過剰供給や過少供給を招き，社会的総余剰が損失します。もちろん，政府は社会的総余剰の最大化だけを目標にしているのではなく，他にもさまざまな目的を持って政策を実行します。しかし，社会的総余剰は，経済全体で得られる利益の合計を表しているので，政府がある政策で市場に介入するときには，その政策が社会的総余剰を損失させる可能性があることを十分に考慮する必要があります。

> **まとめ**
> 消費者余剰＋生産者余剰（＋政府収入）＝社会的総余剰

●社会的総余剰についての図解

　図表10-1を使って，完全競争市場における社会的総余剰を図解します。図表10-1には，パンの需要曲線と供給曲線が図示されています。社会的総余剰は消費者余剰と生産者余剰を合計したものです。第9章で説明したように，経済全体の消費者余剰は，各家計の消費者余剰を合計したものであり，経済全体の需要曲線と価格線で囲まれた領域で表されます。図表10-1には，経済全体の消費者余剰が領域Ⅰで図示されています。一方，経済全体の生産者余剰は，各企業の生産者余剰を合計したものであり，経済全体の供給曲線と価格線で囲まれた領域で表されます。図表10-1には，経済全体の生産者余剰が領域Ⅱで図示されています。そして，社会的総余剰は領域Ⅰと領域Ⅱの合計で図示されます。

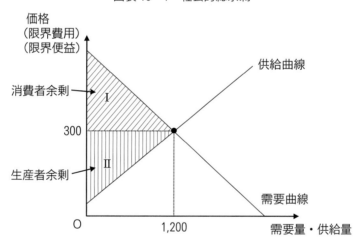

図表10-1　社会的総余剰

●過剰供給についての図解

　図表10-2と図表10-3を使って，政府介入が過剰供給を招く事例を図解します。ここでは，かつての日本の米価政策を説明します。かつての日本の米価政策の特徴は，コメ農家を保護するために，政府がコメを農家から買い取ったあとで，それを家計に売ることでした。このとき，政府が農家からコメを買うときの価格と，家計にそれを売るときの価格が異なることに問題がありました。つまり，政府の米価政策によってコメの価格が歪められ，家計と農家は同じ価格のもとで経済活動を行っていませんでした。

　図表10-2には，コメの需要曲線と供給曲線が図示されています。完全競争市場では，

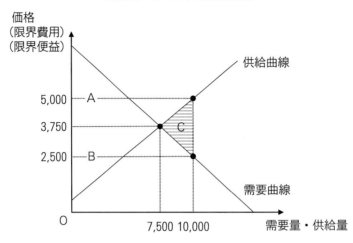

図表10-2 日本の米価政策

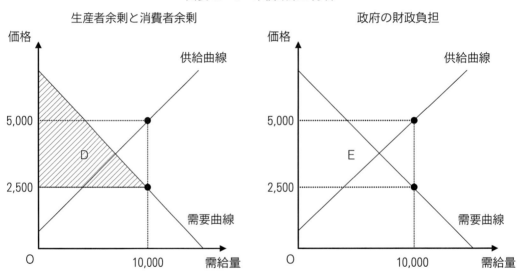

図表10-3 米価政策の分析

コメの価格と取引量は市場均衡で決まり，それぞれ3,750円と7,500kgになります。また，消費者余剰は三角形Aで，生産者余剰は三角形Bで図示されます。これから，完全競争市場と比較すると，政府の米価政策はコメの過剰供給を招き，結果的に三角形Cだけの社会的総余剰が損失することを説明します。

ここで，政府が農家からコメを5,000円で買い，コメ市場の需要と供給を一致させるために家計にコメを2,500円で売るとします。つまり，コメの売り手価格は5,000円，買い手価格は2,500円です。図表10-2から，このような価格であっても，コメは10,000kgで需要と供給が一致することがわかります。しかし，完全競争市場におけるコメの取引量

は 7,500 kg だったので，政府の米価政策は 2,500 kg の過剰供給を招きます。

　さて，政府が米価政策を実行した場合の社会的総余剰を図表 10-3 に書き込みます。図表 10-3 の左図には，この場合の消費者余剰と生産者余剰を図示します。ここで重要な点は，コメの買い手価格と売り手価格が異なるということです。消費者余剰は需要曲線と（買い手の）価格線で囲まれた領域で表されます。そして，生産者余剰は供給曲線と（売り手の）価格線で囲まれた領域で表されます。買い手価格は 2,500 円であることに注意すると，消費者余剰は図表 10-3 の左図における三角形 D で図示されています。同様の方法によって，売り手価格が 5,000 円であることに注意して，生産者余剰を図表 10-3 の左図に図示します。そして，この領域に斜線を入れます。このとき，消費者余剰と生産者余剰が重なる部分がありますが，気にしないで斜線を入れます。

　この事例では，政府の市場への介入が存在するので，消費者余剰と生産者余剰に政府収入を加えて社会的総余剰を求めます。政府はコメを農家から 5,000 円で買い，それを家計に 2,500 円で売るので，政府はその差額を負担しなければなりません。すなわち，米価政策によって政府収入はマイナスになります。コメの取引量は 10,000 kg なので，2,500 万（＝(5,000－2,500)×10,000）円が政府収入のマイナスです。図表 10-3 の右図には，この政府収入のマイナスが長方形 E で図示されています。そして，この領域に斜線を入れます。

　さて，政府が米価政策をした場合の社会的総余剰は，消費者余剰と生産者余剰の合計から政府収入のマイナスを相殺することによって求められます。そして，その大きさは，図表 10-2 の三角形 A と三角形 B の合計（完全競争市場における社会的総余剰）からさらに三角形 C だけ相殺したものになることがわかります。すなわち，これは，政府の米価政策によるコメの過剰供給によって社会的総余剰が損失したことを意味します。

●過少供給についての図解

　図表 10-4 と図表 10-5 を使って，政府介入が過少供給を招く事例を図解します。ここでは，間接税の効果を説明します。間接税の中でも，酒税のような供給 1 単位に対して課税される従量税を考えます。政府が酒税を課すと，企業は家計が支払う金額から税金を引いた金額を受け取ります。このとき，家計が支払う課税後の価格と企業が受け取る課税前の価格が異なることに問題があります。つまり，政府の課税によってアルコール飲料の価格が歪められ，家計と企業は同じ価格のもとで経済活動を行いません。

　図表 10-4 には，ワインの需要曲線と供給曲線が図示されています。完全競争市場では，ワインの価格と取引量は市場均衡で決まり，それぞれ 2,500 円と 200 万本になります。また，消費者余剰は三角形 F で，生産者余剰は三角形 G で図示されます。これから，完全競争市場と比較すると，政府のワインへの課税は，ワインの過少供給を招き，結果的に三角形 H だけの社会的総余剰が損失することを説明します。

図表 10-4　酒税の導入

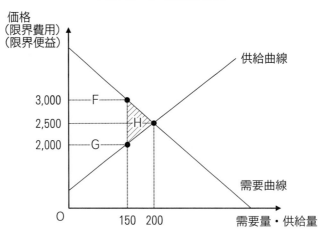

　ここで，政府がワイン1本につき1,000円の酒税を課すとします。まずは，ワインの需要と供給が一致する売り手価格と買い手価格を求めます。つまり，ワインの売り手価格と買い手価格の差額がちょうど酒税1,000円となるワインの取引量を求めます。図表10-4から，売り手価格が2,000円のとき，ワインの供給量は150万本になることがわかります。このとき，買い手価格は酒税1,000円を上乗せした3,000円で，ワインの需要量は150万本になります。ここで，ワインの需要と供給が一致することがわかります。このように，図表10-4から，政府がワインに課税をしたときの市場均衡を求めることができます。課税前のワインの取引量は200万本だったので，政府のワインへの課税は50万本のワインの過少供給を招きます。

　さて，政府がワインに課税した場合の社会的総余剰を図表10-5に書き込みます。まずは，課税後の消費者余剰と生産者余剰を図示します。ここで重要な点は，ワインの買い手価格と売り手価格が異なるということです。消費者余剰は需要曲線と（買い手の）価格線で囲まれた領域で表されます。そして，生産者余剰は供給曲線と（売り手の）価格線で囲まれた領域で表されます。買い手価格は3,000円であることに注意すると，消費者余剰は図表10-5における三角形Iで図示されます。同様に，売り手価格は2,000円であることに注意すると，生産者余剰は図表10-5における三角形Jで図示されます。そして，これらの領域に斜線を入れます。

　この事例では，市場への政府介入が存在するので，消費者余剰と生産者余剰に政府収入を加えて社会的総余剰を求めます。政府はワイン1本につき1,000円の税収を受け取ります。すなわち，ワインへの課税によって政府収入はプラスになります。ワインの取引量は150万本なので，15億（＝1,000×150万）円が政府収入のプラスとなります。図表10-5には，この政府収入のプラスが長方形Kで図示されています。そして，この領域に斜線

図表 10-5　課税後の社会的総余剰

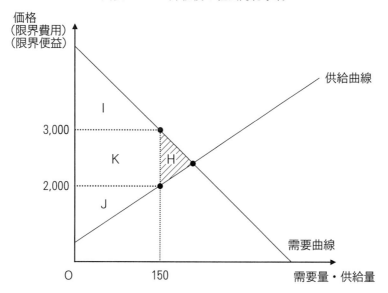

を入れます。

　さて，政府がワインへの課税をした場合の社会的総余剰は，消費者余剰と生産者余剰の合計に政府収入のプラスを加えることによって求められます。そして，その大きさは，図表 10-5 の三角形 I と三角形 J の合計に，さらに長方形 K を加えたものになります。完全競争市場における社会的総余剰は図表 10-4 の三角形 F と三角形 G の合計だったので，社会的総余剰が三角形 H だけ減少したことがわかります。すなわち，これは，政府のワインへの課税によるワインの過少供給によって社会的総余剰が損失したことを意味します。

演習問題

1　テキストを読み，図表 10-3 を完成させなさい。

2　テキストを読み，図表 10-5 を完成させなさい。

3　以下の文章の下線部に適切な語句を入れなさい。

　_____とは，消費者余剰と生産者余剰の合計である_____の大きさによって資源配分の望ましさを評価する方法です。現実の経済では，政府の市場介入が資源配分を歪めます。例えば，かつての日本の米価政策は，コメの農家の保護を目的としてコメ市場に介入し，コメの_____を招きました。また，酒税などの間接税は，アルコール飲料などの_____を招きます。

11 独　占

◎キーワード：不完全競争，独占，独占的競争

> **POINT**
>
> 　企業が価格支配力を持つとき，そのような市場を不完全競争と呼びます。企業1社だけが商品を供給する市場を独占市場と呼びます。独占企業は，商品の供給量を調整することで価格支配力を持ちます。また，多数の企業が存在する市場であっても，各企業が価格支配力を持つことがあります。これを独占的競争と呼びます。独占市場では，独占企業の利潤最大化によって商品の過少供給を招き，社会的総余剰が損失します。

●不完全競争

　家計も企業も価格支配力を持たない完全競争市場では，最適資源配分がもたらされます。しかし，企業が価格支配力を持つとき，この結論は保証されません。そして，そのような市場を**不完全競争**と呼びます。不完全競争では，価格支配力を持つ企業が商品の価格に影響を及ぼすことができます。

> **まとめ**
>
> 　　　　　企業が価格支配力を持つ　⇒　不完全競争

●独　占

　ここでは，不完全競争の例として独占を説明します。企業1社だけが商品を供給する市場を**独占市場**と呼びます。完全競争市場では，企業は価格支配力を持たない代わりに，市場で決まる価格で好きなだけ商品を供給できます。一方，独占市場では，独占企業は価格支配力を持ちますが，好きな価格で好きなだけ商品を供給できるわけではありません。なぜなら，独占市場であっても，独占企業は家計を無視することはできないからです。家計を無視できない理由は，独占企業が右下がりの需要曲線に直面することからわかります。

ある価格のもとで，独占企業は家計の需要を満たすだけの量しか商品を供給できません。そして，独占企業が商品の価格を上げれば，家計は商品の需要量を減らします。すなわち，独占企業とはいえ，家計に高額の商品を大量に売ることはできないのです。そこで，独占企業は利潤を最大化するような商品の価格（もしくは，その需要を満たす供給量）を決めることになります。そして，独占企業が決める価格は完全競争市場における価格よりも高くなるので，結果として商品の過少供給を招き，社会的総余剰が損失します。

> **まとめ**
> 　　　　　企業1社だけが商品を供給する　⇒　独占市場

●独占的競争

　企業が価格支配力を持つ理由は独占だけではありません。独占企業が価格支配力を持つ理由は，他の企業が市場に存在しないからです。一方，多数の企業が潜在的に市場に存在したとしても，企業が価格支配力を持つことがあります。これを**独占的競争**と呼びます。
　完全競争市場では，商品が同質であると仮定されています。独占的競争では，商品が差別化されると仮定されます。つまり，同じ商品であっても，その品質に微妙な差があります。この微妙な差によって，企業は価格支配力を持つことができます。例えば，企業のブランドを考えます。もし，家計が企業のブランドを気にするならば，家計にとって同じ商品ならどの企業が供給していても同じというわけにはいきません。これは，企業からすれば，そのブランドによって家計を囲い込み，独自の市場を開拓したといえます。そして，そのような市場では，企業は価格支配力を持つことができます。このように，企業は，他の企業との差別化を図るために，広告やデザインなどによって企業のブランドを確立しようとしています。
　企業が価格支配力を持つという意味では，独占的競争は独占と似ています。一方，独占的競争が独占と異なるのは，既存の企業が利潤を出しているかぎり，新たな企業が市場に参入するということです。このように，独占的競争では，潜在的に多数の企業が存在します。そして，この新規参入があるという意味では，独占的競争は完全競争市場と似ています。
　独占的競争は不完全競争なので，最適資源配分がもたらされることが保証されません。しかし，独占的競争では，商品の差別化による多様性があります。これは完全競争市場にはない特徴です。もし，家計が同じ商品であっても商品の微妙な差を比較して選択したいと考えるのであれば，独占的競争が持つ商品の多様性という特徴は，むしろ望ましいかもしれません。このように，完全競争市場と独占的競争では，資源配分の最適性と商品の多様性の間にトレードオフがあります。

> **まとめ**
> 　　企業の価格支配力，商品の差別化，新規参入　⇒　独占的競争

●独占企業の利潤最大化

　完全競争市場における企業のように，独占企業の目的も利潤最大化です。ここでは，独占企業が利潤を最大化するために必要な条件を説明します。第7章と第8章で説明したように，完全競争市場では，企業は利潤を最大化するために商品の供給量を微調整します。独占企業も利潤を最大化するために商品の供給量を微調整します。

　しかし，独占市場では，完全競争市場とは異なる問題もあります。最初の問題は，すでに説明しましたが，独占企業は家計を無視して商品を供給することができないことです。独占企業が商品の価格を決めれば，その価格のもとでの家計の需要によって商品の供給量が制約されます。逆にいえば，独占企業が商品の供給量を決めれば，その量を買うだけの家計の需要によって商品の価格が制約されます。本書では，独占企業は利潤を最大化するために，家計の需要を満たす供給量を微調整すると考えます。

　次の問題は，独占企業が商品の供給量を微調整するときに得られる収入です。独占市場では，独占企業が商品の供給量を1単位だけ増やすとき，家計の需要を満たすために商品の価格を下げなければなりません。もし，あらゆる家計に同じ価格で売らなければならないとすると，すでに商品を買うつもりの家計にも下げられた価格で売る必要があります。そして，この価格の引き下げは独占企業の収入を減少させます。そこで，商品の供給量を1単位だけ増やすときに，どのくらいの収入が得られるかを理解することが重要です。<u>商品の供給量を1単位だけ増やすときに得られる収入</u>を**限界収入**と呼びます。完全競争市場では，企業は市場で決まる価格で好きなだけ商品を売れるので，限界収入は商品の価格に等しくなります。しかし，独占市場では，限界収入は，商品1単位の販売収入（商品の価格）から価格の引き下げによって失われた収入を引いたものになります。これは，独占企業の限界収入は商品の価格以下になることを意味します。

　さて，独占企業は利潤を最大化するために，限界収入と限界費用を比較することで商品の供給量の微調整を行います。すなわち，もし商品の供給量を1単位だけ（微少に）増やしたときに得られる収入（限界収入）がそのためにかかる費用（限界費用）を上回るならば，独占企業はその差額分の利潤を増やす余地があります。つまり，もし独占企業が利潤を最大化しているならば，この微調整ができないことになります。このように，<u>独占企業が利潤を最大化するためには，限界収入が限界費用を下回るまで商品の供給量を増やす必要があります</u>。

> **まとめ**
> 商品の供給量を限界収入＜限界費用まで増やす ⇒ 独占企業の利潤最大化の必要条件

●独占企業の利潤最大化についての図解

　図表11-1を使って，独占企業の利潤最大化を図解します。図表11-1には，キムラヤが独占企業としてパンを供給するときの，パンの価格と供給量の関係などが図示されています。ここでは，パンは1個単位で供給できるものとします。また，単純化のために，図表11-1では，現実のパン市場が必ずしも反映されません。

　まずは，図表11-1からわかることを読み取ります。図表11-1から，キムラヤがパンの供給量を増やすためには，パンの価格を下げなければならないことがわかります。これは家計の需要を満たす量のパンしか売れないためです。また，図表11-1から，キムラヤの総収入は供給量と価格の積で求まることがわかります。例えば，パン5個を240円で供給すれば，1,200（＝5×240）円の総収入を得ることがわかります。また，キムラヤがパンの供給量を増やせば，総収入も増えるわけではないこともわかります。

　さらに，図表11-1から，キムラヤの限界収入がわかります。例えば，パンを0個から1個に1単位増やすときに得られる限界収入は400（＝400－0）円とわかります。また，キムラヤがパンの供給量を増やすと次第に限界収入が減ることと，どのような供給量でも，限界収入はパンの価格以下になることもわかります。

　さて，キムラヤが利潤を最大化するパンの供給量を説明します。先ほど説明したよう

図表11-1　独占企業の利潤最大化

供給量	価格	総収入	限界収入
0	440	0	―
1	400	400	400
2	360	720	320
3	320	960	240
4	280	1,120	160
5	240	1,200	80
6	200	1,200	0
7	160	1,120	－80
8	120	960	－160
9	80	720	－240

に，独占企業が利潤を最大化するためには，限界収入が限界費用を下回るまで供給量を増やす必要があります。ここで，キムラヤの限界費用はつねに100円だとします。つまり，パンの供給量を1単位増やすときにかかる費用は100円で一定だとします。図表11-1から，限界収入が限界費用を初めて下回るのは，5個目のパンです。すなわち，5個目のパンからは80円の限界収入が得られますが，そのパンを供給するためには100円の限界費用がかかります。これは，キムラヤは5個目のパンを供給するつもりがなく，パンを4個供給することを意味します。

●独占における資源配分についての図解

図表11-2を使って，独占における資源配分を図解します。図表11-2には，パンの需要曲線と，キムラヤの限界収入曲線と限界費用曲線が図示されています。図表11-1から，パンの需要曲線を図示することができるのは，キムラヤは家計の需要を満たす量しかパンを供給しないからです。すなわち，キムラヤは右下がりの需要曲線に直面します。また，限界収入曲線は，パンの供給量と限界収入の関係を図示したものです。

先ほど説明したように，キムラヤは利潤を最大化するためにパンを4個供給します。図表

図表11-2　独占における資源配分

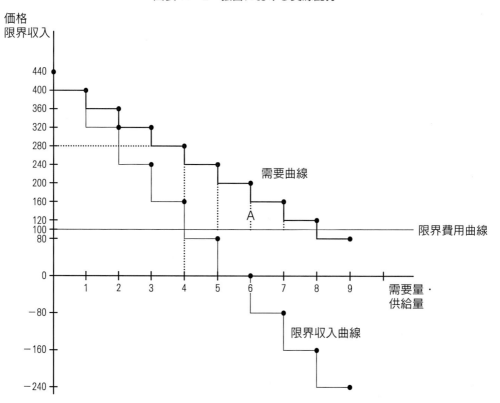

11-2では，キムラヤの限界収入曲線と限界費用曲線が交わるパンの供給量が4個だとわかります。このとき，パンの需要量が4個であるようにパンの価格が280円に決められます。

第9章で説明したように，資源配分問題における需給両側の問題を解決するための必要条件は，（社会的）限界便益が（社会的）限界費用を下回るまで商品の取引を増やすことです。パンの需要曲線は社会的限界便益を表します。また，独占市場では，キムラヤの限界費用曲線は社会的限界費用を表します。図表11-2から，資源配分問題における需給両側の問題を解決するためには，パンの需要曲線とキムラヤの限界費用曲線が交わる8個までパンの供給量を増やす必要があることがわかります。しかし，キムラヤはパンを4個しか供給しないので，独占市場はパンの過少供給を招きます。このとき，（社会的）限界便益が（社会的）限界費用を上回るのに取引が成立しないので，その利益が最大になりません。図表11-2には，社会的総余剰の損失が領域Aで図示されています。そして，この領域に斜線を入れます。

[演習問題]

1　テキストを読み，図表11-2を完成させなさい。

2　以下の文章の下線部に適切な語句を入れなさい。

　企業が価格支配力を持つとき，そのような市場を＿＿＿＿＿と呼びます。企業1社だけが商品を供給する市場を＿＿＿＿＿と呼びます。独占企業が利潤を最大化するための必要条件は，＿＿＿＿＿が限界費用を下回るまで商品の供給量を増やすことです。多数の企業が存在する市場であっても，各企業が価格支配力を持つことがあり，これを＿＿＿＿＿と呼びます。

コラム④　経営学における企業の差別化戦略

　第11章では，独占と独占的競争について説明しました。独占的競争は完全競争市場と独占市場の特徴を持っており，現実の経済でも観察される状況だといえます。このため，経営学において，企業の競争力の源泉となる競争戦略が盛んに研究されています。大雑把にいえば，企業が強い競争力を獲得するためには，ライバル企業といかに差別化を図るかが重要になります。第11章で説明した広告によるブランドイメージの差別化だけでなく，高品質の商品を提供したり，アフターサービスを充実させたりすることによる差別化も考えられます。また，特定の顧客にターゲットを絞って商品を開発することも，ライバル企業との差別化を図るうえで有効になります。

12 寡 占

◎キーワード：寡占，ゲーム理論

POINT

少数の企業だけが存在する不完全競争を寡占と呼びます。寡占市場の特徴は，企業の利潤が自社の選択だけでなく，他社の選択にも依存することです。寡占市場では，「協力」を選択して他社と共存したり，「裏切り」を選択して他社を追い落としたりすることができます。他社も同様の選択を迫られており，他社の選択が自社の利潤に影響を与えます。寡占市場では，企業は他社の選択を予想しながら戦略的に自社の選択を決めます。そして，ゲーム理論は，このような戦略的相互依存関係を分析するのに適しています。

●寡 占

不完全競争は，独占や独占的競争にかぎりません。ここでは，別の不完全競争の例として寡占を説明します。少数の企業だけが存在する市場を**寡占市場**と呼びます。寡占市場の特徴は，少数の企業が同質の商品をめぐって競争することです。また，企業の新規参入がないとすれば，潜在的な企業は想定されません。そして，寡占市場における最大の特徴は企業の戦略的相互依存関係です。すなわち，企業の利潤が自社の選択だけでなく，他社の選択にも依存します。例えば，企業は「協力」を選択して他社と共存したり，「裏切り」を選択して他社を追い落としたりすることができます。他社も同様の選択を迫られており，他社の選択が自社の利潤に影響を与えます。寡占市場では，企業は利潤最大化を目的としていますが，利潤は自社と他社の選択に依存して決まるので，企業は他社の選択が自社の利潤にどのように影響するのかを予想しながら，自社の選択を決めなければなりません。

寡占市場がもたらす結果は，企業の戦略的相互依存関係の詳細に依存します。すぐに「協力」が崩壊する寡占市場がある一方，ずっと「協力」が維持される寡占市場もあります。その違いは，企業が同一の他社と長期間にわたってくり返し競争するかどうかがカギとなります。同一の他社とめったに競争しない寡占市場であれば，企業は「裏切り」を選

択して自社の利潤を確保したほうがよいかもしれません。しかし，同一の他社とくり返し競争する寡占市場であれば，企業は一度でも「裏切り」を選択すると，他社は二度と「協力」を選択してくれないと予想するかもしれません。このとき，一度きりの「裏切り」の利益は「協力」を維持する利益よりも小さい可能性があります。

> **まとめ**
>
> 寡占市場　⇒　戦略的相互依存関係

●ゲーム理論

寡占市場などの戦略的相互依存関係を理解するための分析道具は**ゲーム理論**です。ゲーム理論は，企業にかぎらず，家計や政府など，経済主体が他の経済主体とどのような関係にあるのかを分析するのに適しています。

ゲーム理論を理解するために，ゲーム理論を構成する3つの要素を説明します。最初に，ゲームに登場する主体をプレイヤーと呼びます。プレイヤーは，想定される戦略的相互依存関係によって，さまざまな主体が存在します。ここでは，2社の企業がプレイヤーとして存在する寡占市場を考えます。各プレイヤーがゲームの中で選択できる行動を戦略と呼びます。ここでは，各企業は「協力」か「裏切り」という戦略を選択できると考えます。そして，各プレイヤーが戦略を選択したのち，戦略に依存して得られるプレイヤーの利益を利得と呼びます。ここでは，2社の企業が「協力」か「裏切り」を選択したのち，2社はその選択に依存して決まる利潤を得ると考えます。

ゲーム理論が明らかにした重要な発見の1つは，自己利益の追求が社会全体の利益にならない状況があるということです。例えば，2社の企業が「協力」を選択すれば，お互いの利益になるにもかかわらず，自社の利潤を追求するなら，「裏切り」を選択して他社を追い落としたほうがよいことがあります。そして，2社が「裏切り」を選択した結果，2社にとって利益になる「協力」が実現されません。この発見の重要性は，市場経済における自己利益の追求が最適資源配分という社会全体の利益をもたらすという，完全競争市場を前提とした経済学の結論とは対照的であることからもわかります。

ゲームが1回かぎりプレイされるのか，くり返しプレイされるのかによって，ゲームの分析の結果が大きく異なることがあります。同じプレイヤーと同じゲームをくり返しプレイすることをくり返しゲームと呼びます。くり返しゲームの特徴は，プレイヤーたちは前のゲームの結果をふまえて，次のゲームの戦略を選択できることです。そこで，プレイヤーは，「裏切り」を選択した場合には，次のゲームで相手プレイヤーの仕返しを受けると予想すると，「裏切り」を選択することを避けるかもしれません。このように，次のゲームでの仕返しの可能性が，くり返しゲームで「協力」を維持する秘訣といえます。

> **まとめ**
> ゲーム理論の3つの要素 ⇒ プレイヤー,戦略,利得

●寡占市場についての図解

　図表12-1を使って,寡占市場を図解します。図表12-1には,キムラヤとベーカリーズが競争するパンの寡占市場を記述するゲームが図示されています。すなわち,キムラヤとベーカリーズがこのゲームのプレイヤーです。そして,キムラヤとベーカリーズは「協力」と「裏切り」の2つの戦略を選択できるとします。例えば,2社がパンの価格競争をしているとして,「協力」は他社と共存するためにカルテル価格を維持すること,一方「裏切り」は他社を追い落とすために値下げすること,と解釈できます。

　ここで,2社が選択する戦略とその結果もたらされる利得を考えます。キムラヤとベーカリーズは「協力」と「裏切り」の2つの戦略を選択できるので,結果的に4つの帰結が生じる可能性があります。図表12-1の各マスがその4つの帰結を表します。このゲームを完成させるために,これらのマスに2社が選択する戦略がもたらす帰結から得られる利得を書き込みます。そして,2社の利得はそれぞれの利潤と解釈します。図表12-1の各マスには,左側にキムラヤの利潤,右側にベーカリーズの利潤を書き込みます。図表12-1には,4つのマスの左側と上側に2社のプレイヤーとその戦略が図示されています。

　さて,2社が選択する戦略によって利潤がどう決まるかを説明します。図表12-1の左上のマスには,2社がともに「協力」を選択した場合の利潤が図示されています。この場合は,2社はお互いにカルテル価格を維持して,ともに10万円の利潤を得ることができます。図表12-1の左上のマスには,この利潤を表す10と10という数字が図示されています。

　図表12-1の左下のマスには,キムラヤが「裏切り」を選択し,ベーカリーズが「協

図表12-1　寡占市場

		ベーカリーズ	
		協　力	裏切り
キムラヤ	協力	10, 10	
キムラヤ	裏切り		

力」を選択する場合の2社の利潤を書き込みます。この場合は，ベーカリーズが協力的にカルテル価格を維持しようとする一方，キムラヤがそれを裏切って値下げした，と解釈することができます。このとき，2社は同質のパンを供給しているので，ベーカリーズは顧客をキムラヤにすべて奪われるとします。したがって，ベーカリーズは利潤を得ることができないので，ベーカリーズの利潤は0万円になります。一方，キムラヤはベーカリーズの顧客をすべて奪います。したがって，キムラヤは大きな利潤を得ることができるので，キムラヤの利潤は20万円になります。図表12-1の左下のマスには，この利潤を表す20と0という数字を書き込みます。

　図表12-1の右上のマスには，キムラヤが「協力」を選択し，ベーカリーズが「裏切り」を選択する場合の2社の利潤を書き込みます。これは，図表12-1の左下のマスにおけるキムラヤとベーカリーズの立場を入れ替えた場合なので，説明を省略します。図表12-1の右上のマスには，左下のマスに書き込んだキムラヤとベーカリーズの利潤を入れ替えて，0と20という数字を書き込みます。

　図表12-1の右下のマスには，2社がともに「裏切り」を選択した場合の利潤を書き込みます。この場合は，2社がお互い値下げをして価格切り下げ競争に突入するので，大きな利潤を得ることができないとします。したがって，2社はともに5万円の利潤に甘んじることになります。図表12-1の右下のマスには，この利潤を表す5と5という数字を書き込みます。

　これで図表12-1が完成しました。図表12-1の重要な点は，ゲーム理論の3つの要素（プレイヤー，戦略，利得）をすべて記述していることです。すなわち，図表12-1は，寡占市場のゲームという特定のゲームを表現しています。このように，図表12-1と同様の図表を与えることによって，さまざまなゲームを記述することができます。

　さて，図表12-1で図示された寡占市場のゲームでは，どの結果が実現するのかを説明します。最初に，キムラヤが「協力」か「裏切り」のどちらを選択するのかを説明します。まずは，キムラヤは，ベーカリーズが「協力」を選択する，と予想するとします。このとき，キムラヤは「協力」を選択すれば，利潤10万円を得ます。一方，キムラヤは「裏切り」を選択すれば，利潤20万円を得ます。したがって，もしキムラヤが，ベーカリーズは「協力」を選択する，と予想するならば，「協力」よりも「裏切り」を選択したほうが大きな利潤を得ることができます。

　次に，キムラヤは，ベーカリーズが「裏切り」を選択する，と予想するとします。このとき，キムラヤは「協力」を選択すれば，利潤0万円を得ます。一方，キムラヤは「裏切り」を選択すれば，利潤5万円を得ます。したがって，もしキムラヤが，ベーカリーズは「裏切り」を選択する，と予想するならば，やはり「協力」よりも「裏切り」を選択したほうが大きな利潤を得ることができます。まとめると，キムラヤは，ベーカリーズが選択

する戦略への予想に関わらず，「協力」よりも「裏切り」を選択したほうが大きな利潤を得ることができます。

　ベーカリーズの利潤はキムラヤの利潤と対称関係にあるので，ベーカリーズが選択する戦略は，キムラヤが選択する戦略と同様の説明をすることができます。すなわち，ベーカリーズも，キムラヤが選択する戦略への予想に関わらず，「協力」よりも「裏切り」を選択したほうが大きな利潤を得ることができます。

　ここで，2社はともに「裏切り」を選択するので，寡占市場における「協力」は実現しないことがわかります。この結果の重要な点は，もし2社が「協力」を選択すれば，2社はともに利潤10万円を得るはずなのに，2社がともに自社の利潤を最大化しようとして「裏切り」を選択すると，ともに利潤5万円に甘んじることです。すなわち，2社にとって望ましいのは「協力」であるにもかかわらず，自社にとって望ましいのは「裏切り」なので，2社にとって望ましい「協力」が実現しないことになります。

●くり返しゲームと協力関係についての図解

　図表12-2を使って，寡占市場における「協力」関係を図解します。図表12-2には，キムラヤとベーカリーズの寡占市場のゲームが何度も続く，くり返しゲームにおけるキムラヤの利潤の一部が図示されています。ここで，ベーカリーズは，最初のゲームでは，「協力」を選択し，それ以降のゲームでは，キムラヤが前のゲームで「裏切り」を選択しないかぎりは「協力」を選択するが，キムラヤが前のゲームで「裏切り」を選択すれば，二度と「協力」を選択しない，とします。

　図表12-2では，キムラヤが「協力」を選択し続けた場合と，最初のゲームで「裏切り」を選択した場合で，くり返しゲームにおけるキムラヤの利潤を比較します。まずは，キムラヤが「協力」を選択し続けた場合を考えます。このとき，図表12-2の上段から，ベーカリーズは「協力」を選択し続けるので，各ゲームで利潤10万円を得ることがわかります。次に，最初のゲームでキムラヤが「裏切り」を選択した場合を考えます。このとき，図表12-2の下段から，最初のゲームでは，ベーカリーズが「協力」を選択するので，キムラヤは利潤20万円を得る一方，それ以降のゲームでは，ベーカリーズは「裏切

図表12-2　くり返しゲーム

	1回目	2回目	3回目	4回目	5回目	
「協力」を選択したときの利得	10	10	10	10	10	…
「裏切り」を選択したときの利得	20	5	5	5	5	…

り」を選択し続けるので，キムラヤも「裏切り」を選択しなければならず，2回目以降のゲームで利潤5万円に甘んじることがわかります。したがって，キムラヤは，最初のゲームでの「裏切り」による一度きりの利益を得るよりは，長期的な利潤を大きくするために「協力」を選択し続けたほうがよいことがわかります。そして，ベーカリーズも「協力」を選択し続けるとすれば，1回かぎりのゲームで実現しない「協力」関係がくり返しゲームで維持されることになります。

> 演習問題

1　テキストを読み，図表12-1を完成させなさい。

2　以下の文章の下線部に適切な語句を入れなさい。

　少数の企業だけが競争する市場を＿＿＿＿＿と呼びます。この市場の最大の特徴は，企業の利潤が自社の選択だけでなく，他社の選択にも依存する＿＿＿＿＿＿関係です。このような関係を理解するための分析道具は＿＿＿＿＿です。

コラム⑤　ナッシュ均衡

　第12章では，ゲーム理論を使って寡占市場を説明しました。1回かぎりのゲームでは，企業は他社の戦略に関わらず，「裏切り」を選択したほうが利潤は大きくなります。しかし，自社の戦略が他社の戦略によらずに決まるゲームは，ゲーム理論の分析としてはあまり面白いとはいえません。自分が選択するべき戦略が相手の戦略に応じて変化するゲームでは，本当の意味で相手の戦略を予想して，自分の戦略を選択しなければなりません。そのようなゲームをゲーム理論でどのように分析できるでしょうか。この問題を解くカギとなるのは，**ナッシュ均衡**です。ナッシュ均衡は，戦略的相互依存関係におけるプレイヤーの行動を統一的に説明する解概念で，相手の戦略が与えられたとき，どのプレイヤーも自分だけが戦略を変えても自分の利得を増やせないような戦略の組のことをいいます。このような戦略の組は，各プレイヤーが単独で戦略を変える誘因を持つことはない，という意味で安定的な状態といえます。この安定的な状態をゲームがプレイされるときの帰結と解釈して，さまざまな戦略的相互依存関係における行動を予測したり，分析したりすることができます。

13 市場の失敗

◎キーワード：市場の失敗，外部性，公共財

> **POINT**
>
> 　市場が最適資源配分をもたらさない場合，これを市場の失敗と呼びます。市場における外部性と公共財の存在が市場の失敗をもたらします。経済主体の経済活動が他の経済主体に直接影響を及ぼすことを外部性と呼びます。非競合性と排除不可能性という性質を満たす財・サービスを公共財と呼びます。そして，市場の失敗は，政府の市場への介入に理論的根拠を与えます。

●市場の失敗

　第9章では，完全競争市場は最適資源配分をもたらすために必要な条件を満たすことを説明しました。しかし，市場に資源配分を任せてもうまくいかない場合があります。これを**市場の失敗**と呼びます。最適資源配分をもたらさない不完全競争は，市場の失敗の例といえます。ここでは，市場における**外部性**と**公共財**の存在が市場の失敗をもたらすことを説明します。そして，市場の失敗は，政府の市場への介入に理論的根拠を与えます。

> **まとめ**
>
> 　市場に資源配分を任せてもうまくいかない　⇒　市場の失敗

●外部性

　経済主体の経済活動が他の経済主体に直接影響を及ぼすことを**外部性**と呼びます。公害は外部性の一例です。例えば，自動車の運転が大気汚染を生み出すならば，住民の健康に悪影響を及ぼします。この場合，大気汚染は，自動車を運転するという活動が生み出す外部性です。市場に外部性が存在するとき，最適資源配分がもたらされません。なぜなら，家計や企業は，自らが生み出す外部性の費用をすべて負担するわけではないので，その経済活動を過剰に行うからです。例えば，自動車の運転が大気汚染を生み出すとしても，家

計はその大気汚染の社会的費用を気にすることなく運転するでしょう。これによって，市場には自動車が過剰供給されることになります。これが外部性による市場の失敗です。

政府が外部性による市場の失敗を解決するには，少なくとも2つの方法があります。1つは直接規制による解決で，もう1つは罰金や税金による解決です。直接規制とは，政府が自動車の排気ガスや有害物質の廃棄などに基準を定めることです。直接規制の問題は，規制にかかる費用と規制から得られる便益を比較する直接的な方法があるとはかぎらないことです。例えば，排気ガスの基準を強化すれば，きれいな空気を吸うという便益が得られるかもしれません。しかし，その基準を満たす自動車を開発する費用も大きくなります。そこで，排気ガスの直接規制から得られる便益とそれにかかる費用を比較する必要がありますが，この比較をどのように行うのかという問題があります。

政府が外部性による市場の失敗を解決する方法は，直接規制にかぎりません。例えば，自動車の排気ガスによる大気汚染は，それが生み出す健康被害という社会的費用を考慮せずに自動車を運転することが原因です。そこで，政府は罰金や税金を使って，外部性によって生み出される社会的費用を経済主体に考慮させることができます。これによって，自動車の過剰供給が解消され，外部性による市場の失敗を解決することができます。

さらに，外部性を適切に内部化することによって，外部性による市場の失敗を私的に解決できる場合もあります。例えば，同じ部屋に愛煙家と嫌煙家がいるとします。もし愛煙家にタバコを吸う権利が与えられれば，嫌煙家は愛煙家にタバコを吸わないように補償しようとするかもしれません。逆に，もし嫌煙家にきれいな空気を吸う権利が与えられれば，愛煙家は嫌煙家にタバコを吸うのを認めてくれるように補償しようとするかもしれません。このように，タバコを吸う・吸わないということに取引が認められるならば，外部性による市場の失敗が解決されると主張されることがあります。

しかし，外部性による市場の失敗を解決する私的な方法は不平等であったり，外部性を内部化する取引自体に大きな費用がかかったりするので，必ずしもうまくいくとはかぎりません。そこで，政府がこの問題を解決するように期待されています。

> **まとめ**
>
> 外部性 ⇒ 経済活動が他の経済主体に直接影響を及ぼすこと

●外部性についての図解

図表13-1を使って，外部性を図解します。図表13-1には，自動車の需要曲線と供給曲線が図示されています。第9章で説明したように，需要曲線は自動車の社会的限界便益を表し，供給曲線は自動車の（私的）限界費用を表します。もし自動車が大気汚染という外部性を生み出しているならば，大気汚染による健康被害の社会的費用を考慮しなければ

図表 13-1 外部性

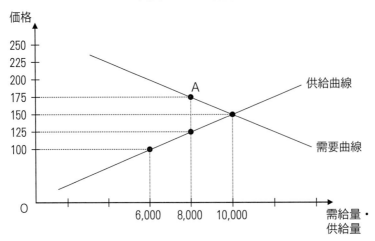

なりません。そして，この社会的費用は自動車1単位あたり50万円で一定だとします。

図表13-1には，自動車の供給量と外部性を考慮した社会的限界費用との関係を書き込みます。完成した図を社会的限界費用曲線と呼びます。そして，社会的限界費用は，企業が直接負担する私的限界費用と大気汚染の社会的費用の合計です。したがって，社会的限界費用曲線は，私的限界費用を表す供給曲線に大気汚染の社会的費用を上乗せして求められます。ここで，自動車の供給量が8,000台のとき，私的限界費用が125万円で，大気汚染の社会的費用が50万円なので，社会的限界費用は175万円であることがわかります。図表13-1には，この社会的限界費用に相当するA点が図示されています。同様の方法で，供給量が6,000台と10,000台のときの社会的限界費用を求めて，それらを図表13-1に書き込みます。そして，それらの点を通る曲線を書き込むことによって，社会的限界費用曲線が図示されます。このとき，社会的限界費用曲線は供給曲線の上方に位置していることがわかります。

ここで，外部性を考慮したときに最適資源配分がもたらされるための必要条件を説明します。その条件は，社会的限界便益が社会的限界費用を下回るまで自動車の供給量を増やすことです。そして，社会的限界便益を表す需要曲線と社会的限界費用曲線が交わるとき，この条件が満たされます。図表13-1から，自動車8,000台で需要曲線と社会的限界費用曲線が交わります。すなわち，自動車8,000台で最適資源配分がもたらされます。一方，外部性が考慮されない市場では，需要曲線と供給曲線の交点で取引量が決まります。図表13-1から，その自動車の取引量は10,000台となり，自動車2,000台の過剰供給であることがわかります。

ここで，政府が外部性による市場の失敗を解決するために自動車に課税するとします。第10章で説明したように，政府が商品に課税するとき，売り手価格と買い手価格は課税

された金額だけ乖離します。ここで，政府が自動車1台につき大気汚染の社会的費用である50万円の自動車税を課すとします。このとき，自動車の需要と供給が一致する買い手価格と売り手価格を求めます。図表13-1から，売り手価格が125万円のとき，自動車の供給量は8,000台になります。このとき，買い手価格は自動車税50万円を上乗せした175万円で，自動車の需要量は8,000台になります。このように，政府の課税によって最適資源配分となる8,000台で需要と供給を一致させることができます。

●公共財

　市場に**公共財**が存在するとき，市場の失敗がもたらされます。船舶が往来する海峡の灯台は公共財の一例です。公共財が満たす2つの性質があります。第1の性質は，<u>ある経済主体が公共財を利用しているからといって，別の経済主体がその公共財を利用できなくなるわけではない</u>という性質です。これは，公共財を利用するための限界費用がゼロということを意味します。そして，この性質を**非競合性**と呼びます。例えば，灯台を建設するための費用はそこを往来する船舶の数には依存せず，もう1隻船舶が増えたとしても，灯台を建設するために追加的な費用はかかりません。第2の性質は，<u>公共財の利用から経済主体を排除することが不可能である</u>ことです。すなわち，経済主体は対価を支払うことなく公共財を利用できます。そして，この性質を**排除不可能性**と呼びます。例えば，ある船舶が安全に航行できるように建設された灯台がもたらす便益から，対価を支払っていないという理由で別の船舶を排除することはできません。そして，市場で取引される通常の商品を**私的財**と呼びます。明らかに，私的財は非競合性と排除不可能性を満たしません。

　実際には，公共財の2つの性質がどの程度満たされるかは，状況によってさまざまです。例えば，道路サービスは公共財といえそうです。しかし，道路が混雑すれば，渋滞で動けなくなったり，事故の確率が上昇したりします。すなわち，混雑した道路は非競合性を満たしません。また，道路に莫大な費用をかけて壁を設けることで，対価を支払わない自動車を通行できなくすることができます。すなわち，道路は必ずしも排除不可能性を満たすとはかぎりません。

　非競合的な公共財に価格をつけるとすると，限界費用がゼロであったとしてもその財を利用しなくなる家計が現れます。すなわち，利用するのに費用がかからない公共財からその家計は便益を得るにもかかわらず，公共財が利用されなくなります。このように，公共財に価格がつくと過少消費を招きます。しかし，もし非競合的な公共財に価格がつかないとすると，収入が得られないので，その財を供給する企業が存在しなくなります。このように，公共財に価格がつかないと過少供給を招きます。すなわち，市場に公共財が存在すると，この2つの意味での市場の失敗がもたらされます。

　さらに，公共財の排除不可能性という性質が，市場における公共財の供給を困難にしま

す。政府が公共財を供給しない場合には，企業が供給する公共財に価格をつけなければなりません。しかし，排除不可能性という性質によって，あらゆる家計は公共財への対価を支払うことなく公共財を利用できます。すなわち，家計は公共財の利用に対して自発的な支払いをするインセンティブを持ちません。このように，家計が公共財の供給に貢献せず，公共財から利益だけを得ようとすることを**ただ乗り**と呼びます。このただ乗り問題は，政府が家計に課税することによって公共財を供給しなければならない理由となります。

> **まとめ**
> 　　　　　公共財　⇒　非競合性と排除不可能性を満たす

●公共財のただ乗り問題についての図解

　図表13-2を使って，公共財のただ乗り問題を図解します。ここでは，公共財は家計の寄付によって供給されるとします。単純化のために，アイコとイチローの2人からなる経済を考えます。各家計は，手持ちの10万円を公共財のために「寄付」するか，あるいは公共財に「ただ乗り」するかを選択します。各家計から寄付金が集められたのち，寄付金の合計額 Y 万円に依存した公共財が供給されます。そして，各家計は公共財から 0.8Y 万円の便益を得るとします。したがって，各家計の利得は $10 - X + 0.8Y$ 万円となります。ただし，各家計にとって，「寄付」を選択すれば，X = 10 万円，「ただ乗り」を選択すれば，X = 0 万円となります。この状況は，第12章で説明したゲームとして記述できます。

　図表13-2には，この公共財供給ゲームが図示されています。そして，このゲームは，第12章で説明した寡占市場のゲームと同じ構造をしています。すなわち，アイコとイチローをキムラヤとベーカリーズに，「寄付」と「ただ乗り」を「協力」と「裏切り」に置き換え可能であり，さらに利得の大小関係が同じなので，公共財供給ゲームと寡占市場の

図表13-2　ただ乗り問題

		イチロー	
		寄付	ただ乗り
アイコ	寄付	16, 16	8, 18
アイコ	ただ乗り	18, 8	10, 10

ゲームは構造的に同一のゲームとみなすことができます。したがって，寡占市場のゲームと同じように，公共財供給ゲームがプレイされたときの結果は，各家計が「裏切り」に相当する「ただ乗り」を選択し，その結果として寄付金が集まらず公共財が供給されないことになります。

寡占市場のゲームのように公共財供給ゲームでは，各家計はともに「寄付」を選択すれば，ともに「ただ乗り」を選択するより公共財からより大きい便益を得られます。それにもかかわらず，各家計が自己利益を追求すると「ただ乗り」を選択したほうがよいため，社会全体の利益となる公共財が供給されなくなります。このように，ただ乗り問題は，公共財が家計の寄付によってではなく，政府の課税によって供給される理由となります。

[演習問題]

1 テキストを読み，図表13-1を完成させなさい。

2 以下の文章の下線部に適切な語句を入れなさい。

　市場が最適資源配分をもたらさない場合，これを_____と呼びます。経済主体の経済活動が他の経済主体に直接影響を及ぼすことを_____と呼びます。_____と_____という性質を満たす財・サービスを公共財と呼びます。家計が公共財の供給に貢献せず，公共財から利益だけを得ようとすることを_____と呼びます。

コラム⑥　共有資源問題

　第13章では，外部性と公共財による市場の失敗を説明しました。外部性と公共財に関係する問題として共有資源問題があります。共有資源の例として，所有権が確定していない湖の魚や放牧地の草などがあります。共有資源は，その利用の外部性によって競合します。例えば，ある漁師が湖の魚を獲ると，他の漁師がその魚を獲れなくなります。また，誰も湖で魚を獲ることから妨げられないので，共有資源から特定の経済主体を排除することは不可能だといえます。そして，共有資源が過剰に利用されると，資源枯渇という社会問題が生み出されます。すなわち，適度な漁獲量であれば湖の魚の数は自然に回復しますが，漁師が魚を獲りすぎると湖から魚がいなくなります。しかし，各経済主体が自己利益を追求すると，共有資源が過剰に利用されます。なぜなら，漁師たちにとっては，自分が漁獲量を増やさないでいると他の漁師が漁獲量を増やすので，自分の漁獲量が減っていくからです。したがって，適切な漁獲制限が実施されないと，乱獲で湖の魚が枯渇し，結果として漁師たちの生活は持続不可能になります。

ミクロ経済学と日本経済

◎キーワード：需要と供給，日本経済

> POINT
>
> 　需要曲線と供給曲線を使った分析は日本経済のさまざまな問題に応用することができます。ここでは，TPPと自由貿易，自然独占と電力産業，高速道路の料金設定について説明します。いずれの問題もこれまでに学習した需要曲線や供給曲線を使って理解することができます。身近な経済問題を経済学的な発想で分析することで，経済の仕組みや制度を理解するとともに，経済学的な考え方の醍醐味を味わいます。

●日本経済をミクロ経済学で分析する

　これまで学習してきた内容はいくぶん抽象度が高すぎて，私たちの生活にどのような関係があるのか実感できなかった読者も少なくないかもしれません。抽象度が高くなるということは，それだけ現実との関連性が薄くなるということですから，このような実感を持つ読者がいても不思議ではありません。しかし，私たちの生活は経済活動と切り離すことができないにもかかわらず，抽象度が高いという理由だけで経済学に関心を持たないというのは残念ですし，抽象的であるということが必ずしも悪いことだとは思えません。ミクロ経済学は，さまざまな経済問題に共通する本質的な構造だけを抜き出して分析します。したがって，その分析はどうしても抽象的になりますが，その分だけさまざまな現象を統一的に理解できるという利点もあります。ここでは，私たちの生活に関わる日本経済のさまざまな問題を需要曲線や供給曲線を使って分析できることを説明します。具体的には，TPPと自由貿易，自然独占と電力産業，高速道路の料金設定について説明します。

> まとめ
>
> 　　　　ミクロ経済学　⇒　抽象的な分析，統一的な理解

● TPP と自由貿易についての図解

　日本をはじめとする太平洋周辺諸国の間で，環太平洋戦略的経済連携協定（TPP）を締結するかどうかの交渉が行われています。このような国際的な経済取引に関するさまざまなルール作りはこれまでも行われてきました。TPP は，加盟国間の貿易における工業製品や農産物の関税の撤廃，金融や医療サービスの自由化などを主な目的としています。TPP への参加にはどのようなメリットやデメリットがあるのかという問題について，テレビや新聞紙上でさまざまな議論がなされています。ここでは，余剰分析を使って，自由貿易の経済的利益を説明します。

　図表 14-1 を使って，自由貿易の経済的利益を図解します。図表 14-1 の左図には，日本国内のコメの需要曲線と供給曲線が図示されています。日本のコメには高い関税がかかっているので，海外からコメが輸入されないとします。したがって，コメの価格は，コメの需要と供給が一致する p^* で決まります。第 10 章で説明したように，経済全体の消費者余剰は需要曲線と価格線で囲まれる領域で表され，経済全体の生産者余剰は供給曲線と価格線で囲まれる領域で表されます。したがって，消費者余剰と生産者余剰はそれぞれ領域 A と領域 B で図示されます。そして，これらの領域に斜線を入れます。社会的総余剰は，これらの余剰の合計で図示されます。

　図表 14-1 の右図には，日本がコメの関税を撤廃し，コメを自由貿易する状況が図示されています。ここで，外国産のコメは日本産のコメより安く生産できるので，家計は p^* よりも安い p^{**} という価格で好きなだけコメを輸入できるとします。このとき，日本産のコメと外国産のコメの品質の差が無視できるほど小さいとすれば，家計は安価な外国産のコメを選択するので，国内のコメの価格も p^{**} まで下落すると考えられます。価格 p^{**} のもとでコメの国内供給量は X_1 まで減少し，コメの国内需要量は X_2 まで増加します。両

図表 14-1　自由貿易の利益

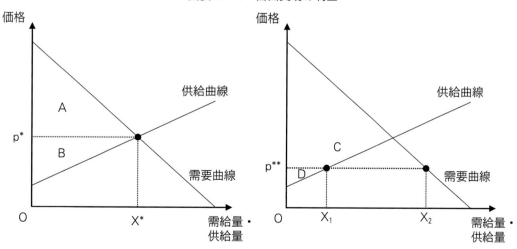

者の差は海外からのコメの輸入量を表します。

　ここで，自由貿易によって消費者余剰と生産者余剰がどのように変化するかを説明します。最初に，家計にとっては，コメの価格の下落は消費者余剰を増加させます。図表14-1の右図には，関税撤廃後の消費者余剰が領域Cで図示されています。一方，農家にとっては，コメの価格の下落は生産者余剰を減少させます。図表14-1の右図には，関税撤廃後の生産者余剰が領域Dで図示されています。そして，これらの領域に斜線を入れます。

　このように，自由貿易をすることによって，家計は安価なコメを消費できることによる利益を得る一方，農家は外国の農家との競争にさらされ損失を被ります。しかし，図表14-1の左図と右図から，関税撤廃後のほうが関税撤廃前よりも社会的総余剰が大きいことがわかります。すなわち，自由貿易は社会的総余剰を大きくするという意味で経済全体にとって利益になります。これが自由貿易による経済的利益です。

　自由貿易の経済的利益があるからといって，あらゆる経済主体がその利益にあずかれるわけではありません。とりわけ，コメの農家は，生産者余剰の減少という意味で損失を被るだけでなく，日本全体から見ればごく少ない割合しか存在しない農家にとって，生産者余剰の減少は所得の大幅な減少を伴い，生活に直結する死活問題です。このため，農業関係者はTPPへの参加に反対します。一方，相対的に多数存在する家計にとって，消費者余剰の増加は多少安価なコメを買えるという広く薄い利益でしかありません。このため，家計は消費者団体を結成して，TPPへの参加に賛成することはありません。

　しかし，自由貿易によって社会的総余剰は大きくなるので，家計の消費者余剰で農家の生産者余剰の損失を経済的に補償したとしても，関税撤廃後のほうが関税撤廃前よりも家計の消費者余剰は大きいはずです。このような経済的利益の分配問題は一般的に複雑ですが，現実の経済問題を考える上では避けて通ることができない問題です。

●自然独占と電力産業についての図解

　2011年3月に発生した東日本大震災とそれに伴う東京電力福島第一原子力発電所の事故を契機として，日本のエネルギー政策の見直しをめぐる議論が，とりわけ電力供給の安全性と安定性をめぐって活発に行われています。ところで，電力の供給は電力会社にかぎらず，ガス会社や製造業者の自家発電などによって供給されています。しかし，かつて電力は地域に10社ある電力会社によって独占的に供給されていました。

　ここでは，電力供給に独占が認められていた理由を説明します。これを理解するためのカギは**自然独占**です。自然独占は，生産規模が大きければ大きいほど平均費用が下落する場合に起こります。電力産業でいえば，いったん送電線が敷設されてしまうと，新たな家計に電力を供給するには費用が小さくてすみますが，別の企業が送電線を並設させてまで新規参入するには費用がかかりすぎます。すなわち，企業1社に操業してもらったほう

図表 14-2 自然独占

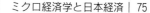

が，経済全体として費用をかけずに電力を供給できます。

　図表 14-2 を使って，自然独占を図解します。図表 14-2 には，自然独占における電力の需要曲線や平均費用曲線が図示されています。第 11 章で説明したように，市場を独占する企業が存在する場合，企業は家計の需要を満たす量しか電力を供給できません。したがって，需要曲線から，電力の価格と家計の需要を満たす電力の供給量の関係がわかります。そして，供給量が多くなればなるほど平均費用が下落するので，平均費用曲線は右下がりになります。このとき，企業は需要曲線と平均費用曲線が交わった X_1 まで供給量を増やしても正の利潤を得ることができます。なぜなら，X_1 で供給 1 単位の利潤（＝電力の価格 − 平均費用）がゼロになるからです。

　また，第 9 章で説明したように，最適資源配分がもたらされるためには，（社会的）限界便益が（社会的）限界費用を下回るまで電力の供給量を増やす必要があります。これは，電力が X_2 まで供給されなければならないことを意味します。しかし，このとき企業は損失を被ります。なぜなら，第 7 章で説明したように，平均費用が下落するなら，限界費用が平均費用を下回るため，企業は平均費用を下回る価格で電力を供給すると赤字になるからです。

　そして，第 11 章で説明したように，市場を独占する企業は利潤を最大化するために，限界収入が限界費用を下回るまで電力の供給量を増やすかもしれません。このとき，企業は電力を X_0 だけ供給し，価格は p まで上昇します。また，独占の利潤は，価格 p と平均費用の差額に供給量 X_0 をかけて求められます。図表 14-2 には，独占の利潤が領域 E で図示されています。そして，この領域に斜線を入れます。

　かつて政府は，このような事態を避けるために，電力産業に自然独占を認める代わりに電力料金に規制を課していました。しかし，電力産業において，自然独占が成立するのは

送配電の部分だけで，発電や小売の部分は自然独占に陥りにくいと考えられます。このため，電力の自由化と競争を促す改革が実行され，家計は電力会社以外からでも電力を購入することができるようになりました。

●高速道路の料金設定についての図解

　高速道路料金の休日一律1,000円制や一部区間の無料化など，高速道路料金の仕組みがしばしば話題になります。第13章で説明したように，高速道路サービスは非競合性と排除不可能性という性質をある程度満たす公共財といえます。ここでは，政府が供給する公共財としての高速道路サービスとその建設費用の観点から高速道路の料金設定を説明します。

　図表14-3を使って，高速道路の料金設定を図解します。図表14-3には，高速道路サービスの需要曲線が図示されています。この高速道路は，通行料（価格）p円で通行できる場合はX_1回の利用があります。無料で通行できる場合はX_2回の利用があります。これは，高速道路のキャパシティ（利用限度）よりも小さいとします。高速道路のキャパシティはX_Cで表されています。このとき，高速道路は混雑なく利用できるので，高速道路の利用に対する限界費用はゼロになります。すなわち，もう1台，自動車が高速道路を利用しても追加的にかかる費用はありません。これは高速道路サービスが非競合性という性質を満たすためです。ここで，高速道路を効率的に利用するためには，高速道路の料金をいくらに設定しなければならないのかという問題を考えます。この問題に答えるために，図表14-3で社会的総余剰の大きさを考えます。

　図表14-3の左図では，通行料がp円に設定されているので，家計の消費者余剰は領域Fで図示されます。一方，政府が得る通行料収入（＝価格×利用回数）は領域Gで図示されます。そして，これらの領域に斜線を入れます。また，通行料p円が課せられた場

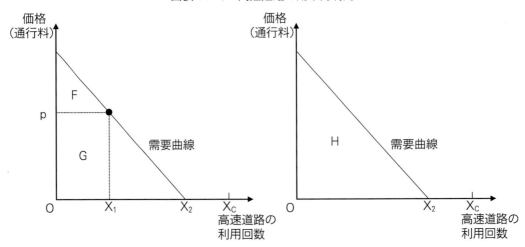

図表14-3　高速道路の効率的利用

合の社会的総余剰は領域FとGの合計になります。一方，図表14-3の右図では，通行料が無料なので，家計の消費者余剰は領域Hで図示されます。そして，この領域に斜線を入れます。また，政府は通行料収入を得ることができないので，この場合の社会的総余剰は消費者余剰と等しくなります。

　図表14-3の左図と右図を比較すると，通行料を課す場合と課さない場合では，明らかに後者の社会的総余剰が大きくなります。第13章で説明したように，これは非競合的な公共財に価格をつけると過少消費になることを意味します。したがって，混雑しない高速道路を効率的に利用するためには通行料を課すべきではありません。そして，この考え方を道路無料公開の原則と呼びます。

　ここで，効率的に高速道路を利用するためには，政府は通行料を課すことができないので，税金を投入して高速道路の建設をすることになります。政府は高速道路を建設するべきか否かを決定するときには，家計の消費者余剰が高速道路の建設費用を上回るかどうかという基準を用います。そして，この手法を**費用便益分析**と呼び，公共政策の判断や評価に利用されています。

　また，政府は高速道路サービスの効率性の問題だけでなく，費用負担の公平性の問題にも直面します。すなわち，高速道路を利用しなくても税金によって高速道路の建設費の負担をしなければならない家計は，便益なしに負担だけ強いられ不公平であると考えられます。そして，高速道路を利用する家計が高速道路の建設資金を賄うべきという考え方を利用者負担の原則と呼びます。この原則を適用するならば，政府は通行料を課すべきですが，あまりに通行料が高すぎると誰も利用しない高速道路を建設することになり，高速道路の効率的な利用が大きく損なわれます。このように，効率的な高速道路の利用と公平な建設費用の負担の間にはトレードオフがあります。

[演習問題]

1　テキストを読み，図表14-1を完成させなさい。

2　テキストを読み，図表14-2を完成させなさい。

3　テキストを読み，図表14-3を完成させなさい。

4　以下の文章の下線部に適切な語句を入れなさい。

　自由貿易は，国内市場の＿＿＿＿が大きくなるという意味で経済的利益をもたらします。＿＿＿＿は生産規模が大きければ大きいほど平均費用が下落する場合に起こります。混雑しない高速道路を効率的に利用するために通行料を課すべきではないという考え方を＿＿＿＿の原則と呼びます。高速道路を利用する人が高速道路の建設資金を賄うべきという考え方を＿＿＿＿の原則と呼びます。

15 数学とミクロ経済学

◎キーワード：一次関数，市場均衡

> **POINT**
>
> これまで学習してきた内容は数学を使って表現できます。ある変数を別の変数に関係づけるルールを関数と呼びます。商品の価格を需要量に関係づける関数を需要関数と呼び，商品の価格を供給量に関係づける関数を供給関数と呼びます。需要曲線は需要関数のグラフであり，供給曲線は供給関数のグラフです。需要関数と供給関数を使って需要と供給が一致する価格を求めることは，需要曲線と供給曲線の交点の価格を求めることに対応します。

●経済学と数学

　ここまでは，初めてミクロ経済学を学習する読者向けに，ミクロ経済学の考え方をできるだけ直感的に説明することを意図してきました。今後，さらにミクロ経済学を学習するためには，経済学と数学の関係を理解することが効果的です。ここでは，需要と供給からなる市場経済は数学を使って表現できることを説明します。

　大雑把にいえば，ある変数を別の変数に関係づけるルールを関数と呼びます。例えば，商品の価格や需要量あるいは供給量は，さまざまな値をとりうる経済変数です。したがって，これらの経済変数の間の関係を関数として表現することができます。変数は，具体的な数字ではなく，しばしばxやyと表記されます。ある変数xをx＝100とおけば，具体的にxが100である場合を考えます。そして，あらゆる価格にある需要量を関係づける関数を需要関数と呼び，あらゆる価格にある供給量を関係づける関数を供給関数と呼びます。2つの変数を関係づける関数は，平面上のグラフとして図示することができます。したがって，需要曲線は需要関数のグラフであり，供給曲線は供給関数のグラフであることがわかります。ここでは，需要曲線と供給曲線は一次関数のグラフで図示されることを前提とします。

> **まとめ**
> 関数 ⇒ ある変数を別の変数に関係づけるルール

●一次関数

2つの変数がxとyで表記されるとき，具体的な一次関数は，以下のようなxとyの関係式として表現されます。

$$y = -2x + 30 \cdots\cdots (15\text{-}1)$$

(15-1) 式は，xがどのような値だとしても，yはxを-2倍して30を加えた値になるということを意味します。例えば，$x=2$ では，$y=(-2)\times 2+30=26$ となります。もちろん，(15-1) 式にしたがって，あらゆるxがあるyに関係づけられます。このように，関数とは，ある変数を別の変数に関係づけるルールといえます。そして，一次関数は，xを一次の項（$=-2x$）と定数項（$=+30$）でyに関係づけるルールです。

> **まとめ**
> 一次関数 ⇒ $y = ax + b$，aとbは定数

●一次関数のグラフについての図解

図表15-1を使って，一次関数のグラフを図解します。図表15-1には，(15-1) 式を満たす (x, y) の組み合わせがグラフとして図示されています（ただし，$0 \leq x \leq 15$）。xを

図表15-1 一次関数のグラフ

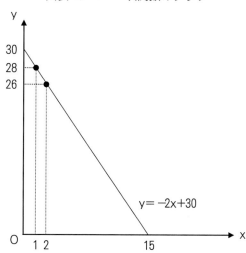

横軸に，yを縦軸にとったxy平面上に一次関数をグラフとして図示すると直線になります。このとき，一次の項の係数と定数項から，グラフを図示するために必要な情報がわかります。定数項である30は，(15-1)式のグラフの縦軸上のyの値を表します。これは，x=0のときのyの値がy=30であることからわかります。このyの値を縦軸の切片と呼びます。

また，一次の項の係数である-2は，(15-1)式のグラフの傾きを表します。傾きは，xの増加量とyの増加量の比率で与えられます。すなわち，傾きは，xがある値から1だけ増加したとき，yの値はどれだけ増加するか（符号がマイナスならば減少するか）を表します。(15-1)式では，傾きが-2なので，xの値が1だけ増加するごとに，yの値は2だけ減少することがわかります。

●一次関数と需要曲線についての図解

図表15-2を使って，一次関数のグラフで図示された需要曲線を図解します。そこで，パンの需要関数が以下のように与えられたとき，パンの需要曲線を図表15-2に書き込みます。

$$D = 1000 - 2p \cdots\cdots (15-2)$$

ただし，$D (\geq 0)$ はパンの需要量，$p (\geq 0)$ はパンの価格を表します。

ここで，1つ注意点があります。経済学では，縦軸に価格をとり，横軸に需要量や供給量をとることが一般的です。(15-2)式では，これを数学のようにxy平面上で考えると，xとyに対応する変数が入れ替わっています。したがって，パンの需要曲線を図示するときには，需要量Dを価格pに関係づけると考え直してから図示すると混乱を起こさ

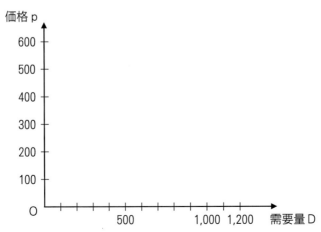

図表15-2 パンの需要曲線

ずにすみます。そこで、(15-2) 式を以下のように式変形します。

$$p = -1/2D + 500 \cdots\cdots (15-3)$$

(15-3) 式から、縦軸の切片が 500 であり、傾きが -1/2 であることがわかります。ここで、(15-3) 式を使って、パンの需要曲線を図表 15-2 に図示します。

(15-2) 式で与えられた需要関数から、以下のような問題の解答も求めることができます。

① パンの価格が 300 円のとき、パンの需要量はいくつになるか。
② コメの価格が上昇して、あらゆる価格でパンの需要量が 200 個増えたとき、需要曲線はどのように変化するか。

問題①は、パンの需要関数に具体的な数字を代入することで求められます。パンの価格が 300 円なので、$p = 300$ を (15-2) 式に代入すると $D = 1000 - 2 \times 300 = 400$ となるので、パンの需要量は 400 個であるとわかります。また、図表 15-2 から、パンの価格が 300 円のとき、パンの需要量が 400 個であることからもわかります。

問題②は、あらゆる価格でパンの需要量が 200 個増えるということから、パンの需要関数が $D = 1000 - 2p + 200$ と式変形できることに気がつきます。この式を整理すると $D = 1200 - 2p$ が得られます。これが新しいパンの需要関数です。そして、この新しいパンの需要関数のグラフである需要曲線を図表 15-2 に書き込みます。(15-3) 式と同じように、新しい需要関数を式変形して、

$$p = -1/2D + 600 \cdots\cdots (15-4)$$

を得ます。そして、(15-4) 式を使って、新しいパンの需要曲線を図表 15-2 に図示します。

(15-3) 式と (15-4) 式では、需要量を表す変数 D の係数が等しくなることがわかります。これは、2 本の需要曲線を図示するとき、傾きが等しいことを意味します。したがって、新しい需要曲線は、元の需要曲線と平行になります。このとき、新しい需要関数の縦軸の切片は 600 なので、縦軸の値が 600 で、元のパンの需要曲線に平行な直線が新しいパンの需要曲線であることがわかります。そして、この需要曲線の平行移動は、需要曲線のシフトを表現します。

●一次関数と市場均衡についての図解

図表 15-3 を使って、一次関数と市場均衡を図解します。パンの需要関数と供給関数が

図表15-3　市場均衡

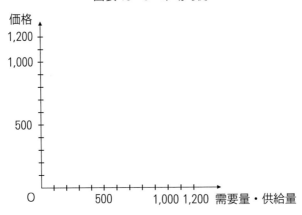

以下のように与えられるとします。

$$D = 1200 - p \cdots\cdots(15-5)$$
$$S = 2p \cdots\cdots(15-6)$$

ただし，D（≧0）はパンの需要量，S（≧0）は供給量，p（≧0）はパンの価格を表します。

図表15-3には，パンの需要曲線と供給曲線を書き込みます。ここで，需要関数と供給関数に先ほど説明した式変形をしたあと，パンの需要曲線と供給曲線を図表15-3に図示します。

そして，(15-5) 式と (15-6) 式から，パン市場の均衡価格と均衡取引量を求めます。市場均衡は，需要と供給が一致するという性質を持ちます。したがって，(15-5) 式と (15-6) 式において，D＝Sとなるようなpの値がパンの均衡価格です。条件式D＝Sは，1200−p＝2pということを意味します。そして，この式からp＝400と求めることができます。すなわち，パンの均衡価格は400円です。実際，(15-5) 式と (15-6) 式にp＝400を代入すれば，そのときのパンの需要量と供給量は，D＝S＝800で一致することがわかります。

最後に，(15-5) 式と (15-6) 式から均衡価格を求めることは，図表15-3に図示した需要曲線と供給曲線の交点の価格を求めることに対応していることがわかります。すなわち，式の解に図形的な解釈が与えられたことになります。

演習問題

1　テキストを読み，図表15-2を完成させなさい。

2　テキストを読み，図表15-3を完成させなさい。

第2部

マクロ経済学

16 マクロ経済学を楽しむ方法

◎キーワード：マクロ経済学，GDP（国内総生産），
財政政策，金融政策

> **POINT**
>
> マクロ経済学は，一国全体の経済の動きや，政府の政策がどのように経済全体へ影響するのかを学びます。最も基本となる概念はGDP（国内総生産）ですが，これは一国の経済の大きさを測るものであり，また，GDPがどのように変化しているかによって，経済が成長しているかどうかを見ることもできます。さらに，政府の政策がどのような効果を持っているか確かめるための基本的な指標もGDPなのです。経済を知るための指標と，これらの指標が持つ意味を確かめながら進んでいきましょう。

● マクロ経済学と3つの経済主体

マクロ経済学では，企業や家計（個人）の行動を扱うミクロ経済学とは異なり，一国全体の経済の動きや，政府の政策がどのように経済全体へ影響するかを勉強します。経済の動きを考える場合にも，消費や投資を1つのまとまりとして分析します。ですから，「減税によって消費が増加する」といった説明の場合には，「経済全体の消費が増加する」ということを意味するのです。

このように見ると政府が中心になっているように思われてしまうかもしれませんが，マクロ経済学でも，ミクロ経済学と同様に，主として3つの経済主体が登場します。それは，**家計（個人・消費者），企業（生産者），政府**です。企業と家計との関係は，企業が商品を売り家計が商品を買う，という関係の他にも，家計が働いて企業から賃金を受け取る，家計が企業に土地を貸して地代を受け取るという関係があります。

企業と政府，家計と政府との関係を見ると，企業や家計が政府に税金を納めて，政府から公共サービスを受ける，という関係が基本としてあります。また，企業と政府であれば企業が商品を売り政府が商品を買うという関係，家計と政府であれば，家計が働いて政府から賃金を受け取るという関係もあるでしょう。

図表16-1　マクロ経済学のキーワード

	供給側（企業やお店）	需要側（家計）	政府・中央銀行
キーワードと関連する概念	GDP（生産面・分配面） 　⇒経済成長率 　⇒成長方程式 労働 資本 土地 技術 失業率 物価・インフレ率 　（仕入・販売）	GDP（支出面） 　⇒経済成長率 　⇒寄与度 消費 投資 　（利子率） 政府支出 純輸出（輸出－輸入） 　（為替レート） 物価・インフレ率 　（購入）	財政収支 　（収入と支出） 財政政策 　（税金・政府支出） 　⇒社会保障など 金融政策 　（貨幣量・利子率） 国際収支 　（貿易収支など） 物価・インフレ率 　（政策目標）

　マクロ経済学では，経済の大きさがどのように決まるのか，政府がどのように経済を調整するのか，という点に着目して分析を進めます。供給側から経済を見るときには図表16-1にあるように「労働」「資本」「技術」といった生産面で用いられる要素に注目します（第19章を参照してください）。また，需要側から経済を見るときには，「消費」「投資」「政府支出」「輸出」「輸入」といった支出面の要素に注目します（第20章を参照してください）。政府（や日銀）は政府支出や税金などの「財政政策」と利子率や貨幣量を調節する「金融政策」を用いて，経済を調整しようと試みるのです。

> **まとめ**
> 　　3つの経済主体「家計（個人・消費者）」「企業（生産者）」「政府」
> 　　供給側の主要な要素「労働」「資本」「土地」「技術」
> 　　需要側の主要な要素「消費」「投資」「政府支出」「輸出」「輸入」

●景気はどのように変わるのか

　一国の経済の景気というのは，どのように変化するのでしょうか。日本の経済成長率は実質GDP成長率で測られますが（実質GDP成長率については第17章を参照してください），景気がよいときは経済成長率がプラスであり，景気が悪いときは経済成長率がマイナスになることが予想できます。「景気がよくならない」というとき，需要側の要素から見れば，消費や投資が増加しないことが影響していることがわかります。

　このような場合，政府の政策が必要になることがあります。一国全体の消費や投資の水準を個々の家計や企業のレベルで動かすことは難しいからです。政府は，税金や政府支出といった政策手段を用いることによって，家計が消費を増加させられるような政策，企業が投資を増加させられるような政策をとることができます。また，日本の中央銀行である

日本銀行（日銀）は利子率や貨幣量を操作することによって，家計の住宅購入や企業の投資に影響を及ぼすことができます。

　<u>政府が税金や政府支出を用いて行う政策のことを**財政政策**，日銀が利子率や貨幣量を用いて行う政策のことを**金融政策**</u>といいます。これらのマクロ経済政策は，経済全体に対してとられます。「税金を用いて経済全体（消費全体あるいは投資全体）を調整する」「利子率を用いて経済全体を調整する」ということですから，この効果を確かめるには，GDPや消費・投資に関する指標を見る必要があります。重要な点は，ある地域では効果が表れ，他の地域では効果が表れなくても，全体の数値が上昇していれば「政策の効果があった」と判断されるということです。これが<u>マクロ的に見る</u>ということなのです。

> **まとめ**
> 　　景気がよいとき　⇒　経済成長率はプラス
> 　　景気が悪いとき　⇒　経済成長率はマイナス（消費や投資が増えない）
> 　　政府は財政政策，日銀は金融政策によって，経済を調整しようとする。

●マクロ経済学の学習チャート

　図表16-2には，第30章までの大まかな学習チャートが示されています。四角で囲まれている名称は，この部分をさらに深く学んでいく際に参考にしてほしい学問分野です。

図表16-2　マクロ経済学の学習チャート

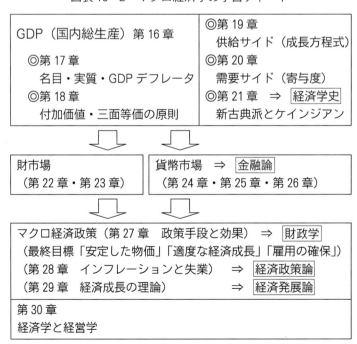

演習問題

1 マクロ経済学で扱う，3つの経済主体を答えなさい。
2 マクロ経済学のキーワードを見て，どの要素を変化させることが，経済を大きくするために効果的か考えてみなさい。

コラム⑦　税金を上げるべきか

　政府が国民のために政策をとる財源となるのは税金です。ある程度の福祉やサービスを受けるために税金を負担することは国民としての義務です。ただ，どの税金を上下させるか，そのかけ方には議論となる要素があります。それは，税金によって特徴が異なるからです。

　最近よく取り上げられる消費税は間接税に分類されます。間接税とは，商品の代金にあらかじめ含まれており，それを購入する際に間接的に納税するものです。間接税に分類されるものとして，消費税だけでなく，揮発油税，酒税などがあります。所得税などの税は，間接税に対して直接税という分類に入ります。所得税が所得から「直接」納税されるのに対して，消費税などは「購入する場合に（間接的に）」納税されるという特徴があります。この特徴を考慮すると，どちらの税を中心に税金の制度を構成すべきでしょうか。

　日本では，明治時代から第二次世界大戦後まで，間接税が中心となっていました。1949年のシャウプ勧告により，税制の民主化が図られ，間接税中心から直接税中心となり現在に至っています。直接税が60%程度，間接税が40%程度で税収が構成されていると考えるとよいでしょう。この直接税が中心となる税制の問題点を考えてみます。

　景気が上下する場合，所得も消費も変化しますが，どちらかというと所得の方が大きく変動し，消費はあまり変化しません。消費からの税収の方が景気の影響を受けにくく安定的であるといえます。安定した税収の確保を目指すには，所得税など直接税を中心とする税制よりも消費税を中心とした税制の方がよいといえます。また，急速に進む少子高齢化の問題を考慮すれば，現役世代，特に若年世代が今後負担する部分が大きくなると考えられます。若年世代が経済を支える基盤として，所得税を軽減することで，勤労意欲を高め，消費を増加させることができるのです。

　それでは，消費税中心の税制の方がよいのでしょうか。消費税を上げることには2つの主張が考えられます。1つは，すべての人に等しくかかっているのでよい（つまり，買い物をするときに等しくかかる）という主張，もう1つは，所得に違いがあるのに，消費税の税率を同じにするのはおかしいという主張です。前者は「効率性」に，後者は「公平性」に関わる主張ですが，どちらが妥当でしょうか。

　この議論は今後も続くと思われますが，重要なことは，商品を買うときにお金を支払うのと同じように，サービスを受けるなら，それなりの税負担が必要になるということです。

経済規模を測る GDP（1）

◎キーワード：GDP（国内総生産）・1人あたりの GDP・
名目 GDP・実質 GDP・GDP デフレータ

> **POINT**
>
> GDP（国内総生産）とは，一国で一定期間に生み出される付加価値の総額のことです。一般に，GDP からは経済規模の大きさがわかり，1人あたりの GDP からは経済の豊かさを知ることができます。GDP の成長には，生産量が増加することによる部分と，物価が上昇することによる部分があります。これを理解するために，名目 GDP と実質 GDP，GDP デフレータという概念を用います。日本で経済成長率として用いられているのは，実質 GDP 成長率です。

● GDP とは何か

　GDP（Gross Domestic Product：国内総生産）とは，通常1年間に一国の国内で生産された財・サービスの付加価値の総額です。GDP は「世界各国の経済規模」を表すものと考えることができます。例えば，アメリカや日本，中国のように，GDP の大きい国は経済規模が大きく，世界の中で存在感があるといえるわけです。しかしながら，その国が平均的に豊かであるかどうかを見るには，GDP を人口で割った **1人あたりの GDP** を見る必要があります。一般に，1人あたりの GDP が低い国のことを **発展途上国** といいます。図表17-1には，世界全体および主要各国の名目 GDP と1人あたりの GDP が示されています。

　世界全体ではおよそ75兆6,500億ドル（1ドル100円であれば7,565兆円）の経済規模が新しく生み出されていることがわかります。そのおよそ24.6% をアメリカが生み出しています。また，アメリカ，中国，日本，ドイツ，イギリスの5カ国で，世界全体の GDP のおよそ54% を生み出しています。これらの国の存在感があらためて実感できるとともに，世界全体の経済格差が相当大きいこともわかるでしょう。

　ここで，名目 GDP の大きい国（経済規模の大きい国）が必ずしも1人あたり GDP が大きくはないこと，また，1人あたり GDP の大きい国が必ずしも名目 GDP が大きくはない

図表 17-1　世界各国の名目 GDP と 1 人あたり GDP（2016 年）

	名目 GDP	1 人あたり GDP
世界全体	75,646,687	10,133
日　　本	4,947,359	38,968
アメリカ	18,624,475	57,808
中　　国	11,218,281	7,993
ド イ ツ	3,477,796	42,456
イギリス	2,647,899	40,249
韓　　国	1,411,246	27,785
ルクセンブルク	58,631	101,835

（単位）名目 GDP は［100 万米ドル］，1 人あたり GDP は［米ドル］。
（出所）総務省統計局「世界の統計 2018」第 3 章　国民経済計算より作成。

ということもわかります。ルクセンブルクは，名目 GDP は大きくありませんが，人口が相対的に少ないことにより，1 人あたりの GDP はかなり大きくなっています。

> **まとめ**
> 　GDP（国内総生産）　⇒　各国の経済規模　⇒　世界における存在感
> 　1 人あたりの GDP　⇒　（GDP を用いた）各国の豊かさ
> 　　　　　　　　　　　　低い国が発展途上国

●経済規模の拡大・名目と実質

　日本の 2016 年の名目 GDP はおよそ 4 兆 9,500 億ドルです。経済規模を表す名目 GDP が 1％ 増加するとすれば，4 兆 9,500 億 × 0.01（←1％）＝495 億で，495 億ドル増加して 4 兆 9,995 億ドルになります。実は，この GDP の増加には「生産量が拡大した部分」と「物価が上昇した部分」が含まれている可能性があるので，2 種類の GDP を用いて，本当の経済成長を見分けなくてはなりません。

　その 2 種類の GDP が，すでに出てきた**名目 GDP** と**実質 GDP** です。この 2 つの違いは，物価を考慮するかどうかにあります。例えば，図表 17-2 に示すように A さんの給料が現在 50 万円，1 年後には 100 万円になるとしましょう。額面（名目）では給料が 2 倍になっています。ところが 1 年後，A さんが，いつもの喫茶店でコーヒーを飲もうとすると，以前は 1 杯 200 円であったコーヒーが 400 円になっているとします。給料が名目で 2 倍になっても，物価も 2 倍になると，実質的に購入できるコーヒーの数は変わりません。つまり，名目での成長と，実質での成長を見極めるには，<u>物価の変化を見る必要がある</u>のです。

図表 17-2　名目と実質

〈現　在〉　　　　　　　　〈1 年後〉

Aさんの給料は 50 万円　　Aさんの給料は 100 万円

コーヒー 200 円　　　　　コーヒー 400 円

（2,500 杯）　　　　　　　（2,500 杯）

> **まとめ**
> 名目 GDP　⇒　物価の変化を考慮しない　⇒　物価が上昇した分も含まれる
> 実質 GDP　⇒　物価の変化を考慮する　　⇒　物価が上昇した分は含まない

●名目 GDP・実質 GDP と GDP デフレータ

　名目と実質の違いは，物価の変化から生じることがわかりました。その年の GDP を名目 GDP といい，基準年から見て物価を調整した GDP を実質 GDP といいますが，この 2 つから得られる物価の指標（指数）を **GDP デフレータ**といいます。

$$GDP デフレータ = \frac{名目\ GDP}{実質\ GDP} \times 100$$

　ここでは，コーヒーのみを用いて，名目 GDP と実質 GDP，GDP デフレータを求めてみましょう。2010 年を基準年として，2011 年，2012 年の GDP を考えます。それぞれの年で，コーヒーの価格に生産量をかけたものが名目 GDP になります。現実には，生産されているものはコーヒー以外にも数多くありますので，それぞれの商品について価格と生産量をかけたものを「加えたもの」が名目 GDP となるのです。

図表 17-3　名目 GDP

	価格	生産量	名目 GDP
2010 年	200	10,000	2,000,000
2011 年	400	10,000	4,000,000
2012 年	200	20,000	4,000,000

　2010 年の名目 GDP に対して，2011 年，2012 年はその 2 倍になっており，経済規模は大きくなっていることがわかります。しかしながら，2011 年と 2012 年では，価格と生産量に違いがあるようです。本当の経済成長を見極めるために，2010 年を基準とした実質 GDP を求めてみましょう。

図表 17-4　実質 GDP

	価格	生産量	（名目 GDP）	実質 GDP
2010 年	200	10,000	(2,000,000)	2,000,000
2011 年	400	10,000	(4,000,000)	2,000,000
2012 年	200	20,000	(4,000,000)	4,000,000

　2010 年（基準年）の価格に，2011 年の生産量，2012 年の生産量をかけたものが実質 GDP になります。そうすると，2011 年の実質 GDP は 2010 年と変わらず，2012 年の実質 GDP は 2 倍になるので，2010 年から見て 2011 年は経済が成長しておらず，2012 年は経済が成長していることがわかります。

　また，2010 年基準の GDP デフレータを求めてみましょう。先に示したとおり，名目 GDP と実質 GDP から GDP デフレータが求まります。

$$2011 年の GDP デフレータ = \frac{4,000,000}{2,000,000} \times 100 = 200$$

$$2012 年の GDP デフレータ = \frac{4,000,000}{4,000,000} \times 100 = 100$$

　2010 年から見て，2011 年はコーヒーの価格が 2 倍になったこと，2012 年は価格が変わらないことが GDP デフレータからわかります。物価の動きまで含んでいる名目 GDP と，物価の動きを除いた実質 GDP から，物価の動きを把握することができます。

　なお，GDP デフレータは，比較年（ここでは 2011 年，2012 年）で購入している財・サービスの組み合わせを，基準年（2010 年）に購入する場合にどれだけ支払うかを示す**パーシェ指数**ですが，消費者物価指数や卸売物価指数は，基準年（2010 年）に購入した財・サービスの組み合わせを比較年（2011 年，2012 年）に購入する場合にどれだけ支払うかを示す**ラスパイレス指数**になっています。

●経済成長率

　名目 GDP の変化を見るのが**名目 GDP 成長率**，実質 GDP の変化を見るのが**実質 GDP 成長率**です。一般に，経済成長率と呼ばれるのは実質 GDP 成長率です。名目と実質の違いを決めるのは物価です。つまり，成長率で見ると，名目が実質を上回っている部分は物価の上昇によるものであり，実質が名目を上回っているのは物価の下落によるものです。図表 17-5 は 1995 年から 2016 年までの，日本の名目 GDP 成長率と実質 GDP 成長率を示しています。

　1980 年代までの日本経済には，名目 GDP 成長率が実質 GDP 成長率を上回る傾向がありました。つまり，物価が上昇していたということです。1990 年代に入り，バブル経済

図表17-5 日本の名目GDP成長率と実質GDP成長率

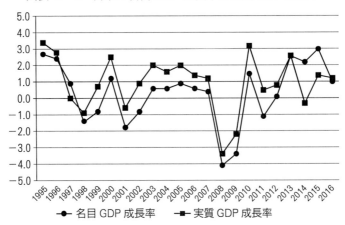

(出所) 内閣府 2016年度国民経済計算 (2011年基準・2008SNA) より作成。

が崩壊して以降は，実質GDP成長率が名目GDP成長率を上回る，いわゆる「デフレ経済」へと移行しており，図表17-5でも1997年と2013～2015年以外は，多くの年で実質の成長率が名目を上回っています。名目でもらう給料が減少したとしても（名目の成長率がマイナスでも），物価がそれ以上に下落していれば，実質的に給料は増加しています。名目と実質，これらを動かす物価の変化を覚えておきましょう。

> **まとめ**
>
> 名目GDP成長率 ＞ 実質GDP成長率 ⇒ 物価が上昇
>
> 実質GDP成長率 ＜ 名目GDP成長率 ⇒ 物価が下落（デフレ経済）

[演習問題]

1　2010年，2011年，2012年のA，B，C各商品の価格，生産量が次のように与えられています。各年の名目GDPを求めて，2010年基準の実質GDPを求めなさい。さらに，2011年と2012年のGDPデフレータを求めなさい。

	2010年価格	2010年生産量	生産額（総額がGDP）
A	100	500	〔　　　〕
B	300	1,000	〔　　　〕
C	500	100	〔　　　〕
		名目GDP	〔　　　〕（＝実質GDP）

17 経済規模を測るGDP（1） | 93

	2011年価格	2011年生産量	生産額（総額がGDP）	2010年基準生産額
A	200	500	〔　　〕	〔　　〕
B	400	1,000	〔　　〕	〔　　〕
C	3,000	100	〔　　〕	〔　　〕
			名目GDP〔　　〕	実質GDP〔　　〕

	2012年価格	2011年生産量	生産額（総額がGDP）	2010年基準生産額
A	80	1,000	〔　　〕	〔　　〕
B	200	1,200	〔　　〕	〔　　〕
C	400	200	〔　　〕	〔　　〕
			名目GDP〔　　〕	実質GDP〔　　〕

2011年のGDPデフレータ　（　　　　）　　　2012年のGDPデフレータ　（　　　　）

2　2010年，2011年，2012年のA, B, C各商品の価格，生産量が次のように与えられています。各年の名目GDPを求めて，2010年基準の実質GDPを求めなさい。さらに，2011年と2012年のGDPデフレータを求めなさい。

	2010年価格	2010年生産量	生産額（総額がGDP）
A	200	1,000	〔　　〕
B	400	500	〔　　〕
C	600	1,000	〔　　〕
			名目GDP〔　　〕（＝実質GDP）

	2011年価格	2011年生産量	生産額（総額がGDP）	2010年基準生産額
A	400	1,000	〔　　〕	〔　　〕
B	600	500	〔　　〕	〔　　〕
C	800	1,000	〔　　〕	〔　　〕
			名目GDP〔　　〕	実質GDP〔　　〕

	2012年価格	2011年生産量	生産額（総額がGDP）	2010年基準生産額
A	1,200	1,000	〔　　〕	〔　　〕
B	800	500	〔　　〕	〔　　〕
C	400	1,000	〔　　〕	〔　　〕
			名目GDP〔　　〕	実質GDP〔　　〕

2011年のGDPデフレータ　（　　　　）　　　2012年のGDPデフレータ　（　　　　）

経済規模を測る GDP（２）

◎キーワード：付加価値，三面等価の原則，国民所得

> **POINT**
>
> GDP（国内総生産）とは，一国で一定期間に生み出される付加価値のことです。生産面で生み出された付加価値は，労働者の賃金や企業の利潤などへと分配され，消費や投資として支出されます。生産面・分配面・支出面から見た GDP が等しくなることを三面等価の原則といいます。GDP の分配面に注目すると，GDP から NDP（国内純生産），GNI（国民総所得），NI（国民所得）の各概念を導出することができます。

● GDP と付加価値

日本の **GDP（国内総生産）** は，通常１年間に日本国内で生産された財・サービスの付加価値の総額です。この **付加価値** とは，新しく生み出された価値，つまり，生産額から，原料や材料などの費用を引いたものです。GDP は国内総生産と訳されますが，総生産額のことではなく，付加価値の総額であるということを覚えておきましょう。

● 小麦農家・パン屋・レストランの付加価値

具体的に付加価値がどのようなものであるかを考えるために，小麦農家とパン屋，レストランの生産を考えてみましょう。ここでは付加価値とはどのようなものなのかを理解することが目的であるので，現実の経済よりもはるかにシンプルな仮定を置きます。

まず小麦農家は，10万円分の小麦を生産して，それをすべてパン屋に販売します。通常は複数の投入物を用いて小麦が生産されますが，ここでは何もないところから生産できると仮定します。次に，パン屋は買ってきた小麦を使ってパンを生産し，30万円でレストランに販売します。そして，レストランは，パン屋から購入したパンを使って，サンドイッチを生産し，その売り上げは60万円であるとします。

それでは，ここで付加価値（GDP）はいくらになるでしょうか。それぞれが生産し販売

図表 18-1 生産額と付加価値

| 小麦農家 | 付加価値（10万円） | 小麦（10万円） |

パン屋：付加価値（20万円）、パン（30万円）

レストラン：付加価値（30万円）、サンドイッチ（60万円）

したものを足した10万円＋30万円＋60万円＝100万円は総生産額ですが，付加価値の総額ではありません。パン屋とレストランは，中間生産物として購入しているものがあるからです。

そこで付加価値を計算してみましょう。小麦農家については生産費用がかからないと仮定しているので，生産した小麦はそのままパン屋に販売され，小麦農家の付加価値となります。パン屋は，30万円分のパンを生産していますが，そのうち10万円は小麦農家が生産した付加価値なので，パン屋が新しく生産した分は20万円になり，パン屋の付加価値は20万円です。そしてレストランは，60万円分のサンドイッチを生産し販売していますが，そのうち10万円は小麦農家が，20万円はパン屋が生産した付加価値なので，レストランが新しく生産した分は30万円になり，レストランの付加価値として計算されるのは30万円となります。図表18-1を見て，それぞれの生産額と，付加価値を確認してください。

GDPは付加価値の総額なので，小麦農家の10万円，パン屋の20万円，そしてレストランの30万円を足して，60万円になります。この金額は，レストランが生産しているサンドイッチの生産額と同じです。つまり，基本的には，最終的に販売されたものをすべて加えるとGDPが計算できるということなのです。

> **まとめ**
> 小麦農家の付加価値＋パン屋の付加価値＋レストランの付加価値＝ここでのGDP

●三面等価の原則

各企業やお店が生産したものは，付加価値の総額を表すGDPとして計算されますが，

図表18-2 三面等価の原則

① 生産面　　小麦農家，パン屋，レストランなどの付加価値として**生産されるもの**

② 分配面　　家計の収入（賃金），企業の収入（利潤），政府の収入（税金）などとして**分配されるもの**

③ 支出面　　家計の消費・企業の投資・政府による政府支出など**支出されるもの**

生産された付加価値は，店員さんへの賃金，企業やお店の利潤，政府の税収として分配され，そのお金が消費や投資に回ります。つまり，GDPは生産，分配，支出の3つの面から見ることができます。GDPが**生産面**，**分配面**，**支出面**の3つの面から見て等しくなることを，**三面等価の原則**といいます。図表18-2では，生産された付加価値が，どのように分配され，支出されていくかを示しています。

さまざまな産業において，企業やお店が生産し販売した額から費用を引いたものが付加価値としてGDPになり，その付加価値は，労働に対する賃金や，企業の利潤，政府の税収になって，それが家計の消費，企業の投資，政府の政府支出として支出されるのです。

> **まとめ**
> 　　　生産面（付加価値）　⇒　分配面（賃金など）　⇒　支出面（消費など）
> 　　　GDPは3つの面から見て等しくなる「三面等価の原則」

● GDPと三面等価の原則

GDPの分配面と支出面は，現実には以下のような項目で構成されています。

　　② ＝　雇用者所得＋営業余剰・混合所得＋固定資本減耗＋間接税－補助金
　　③ ＝　民間最終消費支出＋国内総固定資本形成＋在庫品増加
　　　　　＋政府最終消費支出＋財・サービスの輸出－財・サービスの輸入

まず②についてですが，雇用者所得には所得税や社会保険料など政府に分配されるものも含まれています。また，営業余剰は企業の営業活動の余剰ということですが，この中には利子・配当・地代など家計に分配されるものや，法人税として政府に分配されるものも含まれており，個人企業については営業余剰と事業主収入の区別が難しいことから，混合所得という分類が用いられています。固定資本減耗とは，生産する際に使用する資本ストッ

クの使用料（生産期間中に減価する設備，機械など資本財の価値）のことです。さらに，（間接税－補助金）の部分は消費税などの間接税から補助金を差し引いた（直接税以外の）政府の収入を表しています。

次に，③についてですが，民間最終消費支出はいわゆる「（民間）消費」，政府最終消費支出は「政府支出」のことです。また，財・サービスの輸出から輸入を引いたものは「純輸出」といいます。国内の投資部門を表すのが，国内総固定資本形成と在庫品増加ですが，前者は新しく建てられた住宅や新しく製造された機械などの価値を計上したもの，後者は意図した在庫や売れ残りなどを企業が将来のために買い取ったものとして計上されるものです。

● **GDP と NDP**

GDP は，通常 1 年間に生み出される付加価値ですが，機械などの資本ストックが減耗して価値が低下する部分（固定資本減耗）を含んでいるため，その期間に生産された真の付加価値を表していない可能性があります。GDP から固定資本減耗を差し引いたものを **NDP**（Net Domestic Product：**国内純生産**）といいます。

$$NDP = GDP - 固定資本減耗$$

● **GDP として計上されるもの**

GDP は原則として市場で取引されている財・サービスを対象とします。したがって，それらの財やサービスは取引された価格で評価されることになります。ただし，市場で取引されているもの以外にも GDP として計上されるものがあります。

その 1 つは，政府サービスです。政府の公共サービスは，社会全体に対して無償で供給されています。これらのサービスは市場で取引されていないため，そのサービスを提供するためにかかった費用で評価します。A さんが区役所などで公共サービスのアルバイトをした際には，そのアルバイト代は GDP の分配面では「雇用者報酬」として，支出面では「政府最終消費支出」として計上されるのです。

もう 1 つは，**帰属家賃**です。これは，市場で取引されていないものを，市場で取引されたかのように考えて評価するものです。持家のサービスは，それが借家であるとした場合の，市場家賃相当額で評価します。この相当額が帰属家賃ということです。農家の自己消費分なども帰属家賃として計上されています。

他方，GDP として計上されないものも見ておきましょう。土地などの資産を転売することによって得た利益（キャピタル・ゲイン）は GDP には計上されません。すでに存在する土地の価値が取引されても，それは新しく生み出された付加価値とはならないからで

す。なお，土地の売買によって支払われた仲介手数料は付加価値になります。また，主婦の家事労働も GDP には計上されていないことも覚えておきましょう。

● GDP と GNI

最初に見たように，GDP（国内総生産）は，通常 1 年間に「国内」で生み出された付加価値のことであり，一国の生産活動水準の指標として用いられています。他方，ある国の「国民」が最終的に得た所得に着目した概念としては，**GNI**（Gross National Income：**国民総所得**）が用いられ，GDP と GNI には以下のような関係が成り立ちます。

　　GNI＝GDP＋(海外から受け取る要素所得)－(海外へ支払う要素所得)
　　　　＝GDP＋**海外からの純要素所得**

ここで，要素所得とは，財やサービスを生産するのに必要な資源である生産要素，つまり，資本，土地，労働などの提供者が受け取る所得のことをいいます。

● GDP・GNI と国民所得

GDP と GNI の関係からさらに進んで，**NI**（National Income：**国民所得**）を求めてみましょう。国民所得には市場価格表示と要素価格表示の 2 つがあります。

まず，**市場価格表示の国民所得**とは，国民総所得から固定資本減耗を除いたものです。固定資本減耗が，その期間に生産された真の付加価値を表していない可能性があるという点については，NDP のところで説明しています。NDP と海外からの純要素所得から，市場価格表示の NI を求めることも可能です。

次に，**要素費用表示の国民所得**とは，市場価格表示の国民所得から（間接税－補助金）を差し引いたものです。（間接税－補助金）がなぜ分配面に含まれているかというと，生産に対する報酬ではありませんが，生産される財の市場価格に影響を与えるものであるからです。固定資本減耗と，政府部門の（間接税－補助金）を除くことで，要素費用表示の国民所得は，国民が稼ぐ雇用者報酬と営業余剰・混合所得で表されるのです。

　　市場価格表示の国民所得（NI）＝GNI－固定資本減耗
　　要素費用表示の国民所得（NI）＝GNI－固定資本減耗－（間接税－補助金）
　　　　　　　　　　　　　　　　＝市場価格表示の国民所得－（間接税－補助金）

演習問題

1　A店は，B店からトマトを20万円で，C店からチーズを10万円で，D店からパスタを30万円で購入して，スパゲッティのメニューを100万円で販売しました。D店はE店から小麦を10万円で購入しています。B店，C店，E店は中間投入物をまったく用いずに生産していると仮定します。このとき，それぞれのお店が生産した付加価値と，その総額であるGDPを求めなさい。

　　　A店（　　　　）円　　B店（　　　　）円　　C店（　　　　）円
　　　D店（　　　　）円　　E店（　　　　）円　　GDP（　　　　）円

2　A店は，B店からパンを50万円で，C店からチーズを30万円で，D店からレタスを20万円で，E店からトマトを20万円で購入して，サンドイッチを作りました。スーパーGはこのサンドイッチをA店から200万円で仕入れ，販売して300万円の売り上げになりました。B店はF店から20万円で小麦を購入しています。C店，D店，E店，F店は中間投入物をまったく用いずに生産していると仮定します。このとき，それぞれのお店が生産した付加価値と，その総額であるGDPを求めなさい。

　　　A店（　　　　）円　　B店（　　　　）円　　C店（　　　　）円
　　　D店（　　　　）円　　E店（　　　　）円　　F店（　　　　）円
　　　スーパーG（　　　　）円　　GDP（　　　　）円

3　以下の文章の下線部に適切な語句を入れなさい。

（1）F社は，ハイビジョンテレビを家計に直接販売して，その売上から，社員に給料を支払い，消費税を納めて，残った金額で銀行に利子を支払いました。このとき，GDPの支出面では，家計がテレビを購入した分は＿＿＿＿＿＿に計上されます。また，GDPの分配面では，社員の給料は＿＿＿＿＿＿に，消費税は＿＿＿＿＿＿に，そして銀行への利子は＿＿＿＿＿＿に計上されます。

（2）GDPとは，国内で生み出された＿＿＿＿＿＿の総額のことです。これに，国民が海外で生み出した要素所得を加えて，外国人が国内で生み出した要素所得を差し引くとGNIになります。ここから＿＿＿＿＿＿を差し引くと，市場価格表示の国民所得になり，さらに，＿＿＿＿＿＿を差し引くと，要素費用表示の国民所得となります。

4　民間最終消費支出が350，国内総固定資本形成が120，在庫品増加が30，政府最終消費支出が100，財・サービスの輸出が80，財・サービスの輸入が60の場合，GDPは（　　　　）である。

5　GDPが600で，海外からの純要素所得が50である場合，GNIは（　　　　）である。さらに，固定資本減耗が30の場合，市場価格表示の国民所得は（　　　　）であり，（間接税－補助金）が－20の場合，要素費用表示の国民所得は（　　　　）になる。

供給サイドから見るGDP

◎キーワード：供給サイド，潜在経済成長率

> **POINT**
>
> GDPは生産面・分配面・支出面から見て等しくなります。供給サイドというのは生産面（と分配面）から見るということです。生産面を支えるのは労働や資本，土地などの生産要素になりますが，本章では，労働と資本だけを考えて，これらの変化と経済成長とを結びつける潜在経済成長率について説明します。

● GDPの供給サイド

　GDPは3つの面から見ることができます。生産面・分配面・支出面であり，3つの面から見てGDPが等しくなることを三面等価の原則といいます。このうち，**供給サイド**というのは生産面（と分配面）ということです。GDPが各国で異なるのは，生産面から見ると何が原因なのでしょうか。

　商品やサービスを生産するには，**労働，資本，土地**など**生産要素**が必要です。人口が数百万人の国と数億人の国では労働人口も異なることからGDPへの影響も異なってきます。また，同じ人口を持つ国でも，資本や土地を多く持っている国はGDPが大きくなると考えられます。

　また，図表19-1にあるように，生産面では**技術**も重要な要素であり，先進国が発展途上国よりもGDPが大きいのは高い技術水準を持っているからであるということができます。

●労働と資本のみを考慮した潜在経済成長率

　供給サイドから経済成長を考えるために，ここでは，労働と資本のみを考慮した潜在経済成長率を考えてみます。**潜在経済成長率**は，日本経済にどのくらいGDPを成長させることのできる実力があるかを測定するものと言えます。

図表19-1　供給サイドの要素

$$\text{潜在経済成長率} = \text{労働分配率} \times \text{労働の増加率}$$
$$+ \text{資本分配率} \times \text{資本の増加率}$$

労働分配率：全所得のうち，労働が稼ぐ部分（賃金）がどのくらいの割合を占めているか
資本分配率：全所得のうち，資本が稼ぐ部分（資本所得）がどのくらいの割合を占めているか
労働の増加率：労働（人口）が何％成長するか
資本の増加率：資本が何％成長するか

　ここでは，説明をわかりやすくするために，生産要素として労働と資本しか考えないという設定にしています。第29章では，技術進歩などその他の生産要素も含めて計算される全要素生産性という概念を取り入れて説明を行います。
　労働分配率と資本分配率は，GDPを要素所得に分解した「分配面」の国民所得に対応しています。労働分配率は，一国内で1年間に稼ぎ出された所得のうち，何％が労働者の所得（雇用者所得）になるかを表します。また，労働者の所得以外に，利子や配当，地代など様々な財産所得があるので，一国内で1年間に稼ぎ出された所得のうち，何％がこれらの所得になるかを資本分配率で表します。
　例えば，A国の労働分配率が70％，資本分配率が30％であると仮定します。また，労働の増加率が2％，資本の増加率が1％であるとします。労働と資本の増加から予想できる潜在経済成長率は何％になるでしょうか。

労働分配率：0.7（70%）
資本分配率：0.3（30%）
労働の増加率：0.02（2%）
資本の増加率：0.01（1%）

$$
\begin{aligned}
(\text{潜在})\text{経済成長率} &= 0.7 \times 0.02 + 0.3 \times 0.01 \\
&= 0.014 + 0.003 \\
&= 0.017 \ (1.7\%)
\end{aligned}
$$

A国の潜在経済成長率は1.7%と予想することができます。しかしながら，これは生産面の「労働と資本のみから見た実現可能な経済成長率」であり，これらの労働と資本をすべて生かして，この成長率が達成されるかどうかは，この段階ではわかりません。

> **まとめ**
> 「労働分配率×労働の増加率＋資本分配率×資本の増加率」で，「労働と資本から見た，その国で実現可能な経済成長率」がわかる（経済成長率の予想ができる）

●潜在経済成長率と現実の成長率のギャップ

本章では，経済の供給サイドを見ていく前段階として，労働と資本という2つの生産要素のみを考慮した潜在経済成長率の計算に取り組みました。労働と資本の分配率と，それぞれの生産要素の増加率を用いると，労働と資本から見た，その国で実現可能な経済成長率が予想できます。

それでは，計算された潜在経済成長率と現実の経済成長率とは同じになるのでしょうか。先に三面等価の原則で見たように，需要が生じることで生産が生じ，それが所得につながるので，十分な需要がなければ，労働や資本をすべて活用したという前提で計算される成長率が達成されない可能性があります。先の例で，潜在経済成長率が1.7%と計算された年の実際の経済成長率が1.5%であったとします。この足りない0.2%は，労働と資本をフルに活用して計算された成長率に対して，需要が足りない分と考えることができます。

実際の潜在経済成長率は，第29章で見るように，「全要素生産性」という概念によって，技術水準の増加率を取り入れる形で計算されています。本章で説明されていることは，実現可能な経済成長率を考える初歩的な段階であると考えてください。

また，第21章で見るように，供給サイドの要素はある程度長い期間で考える必要があり，需要サイドの要素は短期的に経済に影響を及ぼすと考えられます。そこで経済成長を

考えるとき，時間の経過にしたがって，経済指標がどのように動いていくかが重要になってきます。そのような理由で経済成長の理論では供給サイドの要素が重視される，ということを覚えておくとよいでしょう。

> **まとめ**
>
> 十分な需要がない場合，労働や資本をすべて活用したという前提で計算される潜在経済成長率と現実の経済成長率との間にはギャップが生じる。

[演習問題]

1　B国の労働分配率が80％，資本分配率が20％であるとします。この国の労働人口が3％増加して，資本が6％増加する場合，潜在経済成長率は何％になると予想できますか。

2　C国の労働分配率が70％，資本分配率が30％であるとします。この国の労働人口が10％増加して，資本が15％増加する場合，潜在経済成長率は何％になると予想できますか。

3　D国の労働分配率が60％，資本分配率が40％であるとします。この国の労働人口が2％増加して，資本が8％増加する場合，潜在経済成長率は何％になると予想できますか。
　また，予想された期間の現実の成長率が3.2％であるとき，どのような状況が考えられますか。

需要サイドから見る GDP（寄与度）

◎キーワード：需要サイド，寄与度

POINT

供給サイドから計算する潜在経済成長率は，労働や資本をすべて生かすという点が前提となりますが，この成長率が達成できたかどうかを見るには，GDP の需要サイドを考える必要があります。例えば，景気が悪いときは生産しても需要がないので，その成長率を達成することができないということです。GDP の支出面の項目がどの程度経済成長に貢献したかを見るのが寄与度です。

● GDP の需要サイド

GDP の**需要サイド**は支出面です。支出面には，消費・投資・政府支出・輸出・輸入の項目があります。

GDP（支出面）＝消費＋投資＋政府支出＋（輸出－輸入）

輸入を引くのは，消費，投資，政府支出に含まれている輸入品を引くことで，国内のみの付加価値を求めるためです。（輸出－輸入）の項目は純輸出といい，外需と呼ばれることもあります。

先に計算した潜在経済成長率では，潜在的な力を計算することはできますが，実際の経済成長率がそのようになるとは限りません。例えば，景気が悪いときは生産しても需要がないので，その成長率は達成することができません。つまり，生産する能力があっても，買ってもらえなければその能力を生かすことができないということになるのです。

●寄与度の考え方

需要サイドから経済成長を考えるときに使われるのが**寄与度**です。これは GDP の支出面で消費，投資，政府支出，純輸出が占めるシェアを用いて，それぞれの変化がどの程度

GDPの成長に寄与したかを見るものです。

経済成長率＝消費のシェア×消費の増加率
　　　　　　＋投資のシェア×投資の増加率
　　　　　　＋政府支出のシェア×政府支出の増加率
　　　　　　＋純輸出のシェア×純輸出の増加率

消費のシェア＋投資のシェア＋政府支出のシェア＋純輸出のシェア＝100％

例えば，ある年の消費・投資・政府支出・純輸出のGDP支出面におけるシェアが60％，20％，15％，5％であると仮定します（すべて足せば100％になります）。GDPが500兆円であるなら，消費は300兆円（500×0.6），投資は100兆円（500×0.2），政府支出は75兆円（500×0.15），純輸出は25兆円（500×0.05）です。

図表20-1　寄与度の考え方

300兆円	100兆円	75兆円	25兆円
消　費　60％	投　資　20％	政府支出　15％	純輸出　5％

ここで，景気がよくなり消費が3％増加，投資が3％増加して，政府支出を2％増加，世界経済の景気もよくなって輸出が増加することにより純輸出が2％増加する場合を考えてみましょう。計算方法は，それぞれのシェアと増加率を乗じて加えるだけです。

経済成長率＝0.6（60％）×0.03（3％増加）
　　　　　＋0.2（20％）×0.03（3％増加）
　　　　　＋0.15（15％）×0.02（2％増加）
　　　　　＋0.05（5％）×0.02（2％増加）

　　　　　＝0.018（消費の寄与度：1.8％）
　　　　　＋0.006（投資の寄与度：0.6％）
　　　　　＋0.003（政府支出の寄与度：0.3％）
　　　　　＋0.001（純輸出の寄与度：0.1％）

　　　　　＝0.028（GDP全体で2.8％の増加）

GDPが2.8%増加するということは、500兆円なら14兆円増加して514兆円になるということです。

潜在経済成長率の計算も、寄与度の計算も、ポイントになるのは、①全体における各要素の割合（シェア）と②各要素の増加率の2点になります。

ここで、GDP全体に影響を及ぼす要素を考えてみましょう。例えば輸入が大きく増加し、純輸出が24%（6兆円）減少したと仮定します。しかしながら、消費が2%（6兆円）増加すればGDPは変わりません。GDPの変化にはシェアの大きい消費や投資が強く影響してくることがわかります。

経済成長率 = 0.6（60%）× 0.02（2%増加）
　　　　　　+ 0.2（20%）× 0（変わらず）
　　　　　　+ 0.15（15%）× 0（変わらず）
　　　　　　+ 0.05（5%）×（−0.24）（24%減少）

　　　　　 = 0.012（消費の寄与度：1.2%）
　　　　　　+ 0（投資の寄与度：0%）
　　　　　　+ 0（政府支出の寄与度：0%）
　　　　　　− 0.012（純輸出の寄与度：−1.2%）

　　　　　 = 0（GDP全体で増減なし）

まとめ

消費のシェア×消費の増加率＝消費の寄与度（がわかる）
投資、政府支出、純輸出についても同じ　⇒　すべて足すとGDPの成長率

● **GDPの支出面の考え方**

GDPの支出面は、消費・投資・政府支出が内需（国内需要）、純輸出が外需と呼ばれますが、本章の最初の関係式は以下のように見ることができます。

　GDP＋輸入＝消費＋投資＋政府支出＋輸出

ここで、左辺は（国内と外国で）生産されたもの、右辺は（国内と外国で）支出されたものと考えることができます。GDP（国内で生産された付加価値）を求めるためには、国内で支出されたものから輸入の分を引かなくてはならないということです。

演習問題

1　A国のGDP支出面における消費のシェアが60％，投資のシェアが20％，政府支出のシェアが10％，純輸出のシェアが10％であると仮定します。以下の各問いに答えなさい。本文と同じ形式で数値を入れてみること。

(1)　国内の消費と投資が低迷し，それぞれ2％減少したが，政府が政府支出を5％増加させ，さらに外国の景気がよくなったことで純輸出が12％増加した場合，A国の経済成長率は（　　　）％になります。

経済成長率＝　（　　）（　　％）×（−　）（　　％減少）
　　　　　　＋（　　）（　　％）×（−　）（　　％減少）
　　　　　　＋（　　）（　　％）×（　　）（　　％増加）
　　　　　　＋（　　）（　　％）×（　　）（　　％増加）
　　　　　＝　（　　）

寄与度：消費（　　）％，投資（　　）％，政府支出（　　）％，純輸出（　　）％

(2)　世界的に景気が悪くなり，純輸出が20％減少したが，国内の消費は2％，投資は5％増加して，政府支出の増減はない場合，A国の経済成長率は（　　　）％になります。

経済成長率＝　（　　）（　　％）×（　　）（　　％増加）
　　　　　　＋（　　）（　　％）×（　　）（　　％増加）
　　　　　　＋（　　）（　　％）×（　　）（増減なし）
　　　　　　＋（　　）（　　％）×（−　）（　　％減少）
　　　　　＝　（　　）

寄与度：消費（　　）％，投資（　　）％，政府支出 0 ％，純輸出（　　）％

(3)　国内景気の急激な回復により，消費が8％増加，投資が6％増加する一方，政府支出が20％削減，輸入の大幅増加によって純輸出が18％減少した場合，A国の経済成長率は（　　　）％になります。

経済成長率＝　（　　）（　　％）×（　　）（　　％増加）
　　　　　　＋（　　）（　　％）×（　　）（　　％増加）
　　　　　　＋（　　）（　　％）×（−　）（　　％減少）
　　　　　　＋（　　）（　　％）×（−　）（　　％減少）
　　　　　＝　（　　）

寄与度：消費（　　）％，投資（　　）％，政府支出（　　）％，純輸出（　　）％

21 需要・供給と日本経済

◎キーワード：新古典派，ケインジアン，日本経済

POINT

　ここまでは，経済規模を表すGDPという概念を，名目・実質という側面，三面等価の原則という側面から，そして，GDPの成長率について，供給側では潜在経済成長率，需要側では経済成長率への寄与度という側面から見てきました。それでは，このような経済の動きを決めるのは，供給側なのでしょうか，あるいは需要側なのでしょうか。生産したものはすべて買ってもらえる，と考えるか，買ってもらえる分に合わせて生産を調整する，と考えるかは，価格が持つ力と政府の役割に大きく関わってきます。本章では，新古典派とケインジアンの考え方を紹介して，バブル崩壊後の日本経済がどのような状態を経験してきたのかを考えてみます。

●経済の動きを決めるのは

　第18章では，経済の規模を表すGDPが生産面，分配面，支出面から見て同じになるという三面等価の原則について見ました。第19章では，商品を生産する際に，労働や資本を投入することを考えることで，労働や資本が稼ぐ所得のシェアと労働・資本の増加率から潜在経済成長率の計算を行いました。また，第20章では，支出面が消費・投資・政府支出・純輸出の項目から構成されていることを考慮に入れて，支出面における各要素のシェアと各要素の増加率から経済成長率における寄与度を計算しました。

　ここまで，供給サイドと需要サイドの両方からGDPを見てきましたが，実際の経済の動きは，供給と需要のどちらが決めているのでしょうか。単純に「供給が経済を動かす」とするのであれば，生産したものは必ず買ってもらえます。あるいはすべて売り切ることができるような調整が行われるはずです。また，「需要が経済を動かす」と考えるのであれば，ほしい人が少なくなれば生産が少なくなり，ほしい人が多くなれば生産が多くなるような調整が行われます。

本章では、供給サイドを重視する新古典派の考え方と、需要サイドを重視するケインジアンの考え方を紹介します。

●供給サイドの特徴

一般に、「供給サイドの要素は短期間では変化しない」といわれています。労働者の数、経済全体での資本設備の規模、技術水準などは、数週間や数カ月といった短期間で大きく変化するものではなく、時間とともにちょっとずつ変化していくと考えられます。例えば、ある事務所を借りて社員10人で始めた企業が1年後に工場を5つ、社員1,000人を抱える大企業になっているということは通常では考えられません。労働者もちょっとずつ増えていき、工場も業績が上がるのに合わせある程度の年数をかけて増えていくと考えるのが妥当でしょう。したがって、供給側から経済の動きを説明する場合には、<u>ある程度長い期間を対象</u>として考えた方がよいということがわかります。

●新古典派の考え方

経済学者の中で**新古典派**と呼ばれる人たちの考え方は**「供給が需要を決める」**というものです。そのポイントは、市場における価格の調整能力に対する信頼にあります。もし、ある商品の需要量と供給量に違いがあれば、そのずれは価格が変化することによって解消されます。需要量が供給量よりも多ければ価格が上昇し、供給量が需要量よりも多ければ価格が下落することにより両者は等しくなるのです。また、労働市場で失業（供給が需要より多い状態）があれば、賃金が下落することによって、雇用が増大します。労働不足（需要が供給より多い状態）であれば、賃金が上昇することによって労働供給が増加して、労働需要と労働供給が等しくなります。

つまり、商品については価格が変化することによって、労働については賃金が変化することによって、<u>需要が供給に合わせて変化する</u>のです。価格（賃金）と実質GDP（需要量・供給量）から、供給と需要の変化を図にすると、図表21－1のように描くことができます。

図表21－1には、垂直な総供給曲線と、右下がりの総需要曲線が描かれています。総供給曲線が垂直になっているのは、価格や賃金がどの水準にあっても総供給がAの量で変わらないことを示しています。総需要がいくらであっても総供給は変わりません。それでは、どのようにして総供給と総需要が同じになるのでしょうか。価格がP_1の場合には、①に対応する分の超過供給が生じています。商品であれば余っている状態です。しかしながら、ここで価格がP_Eまで下落することにより、①の格差は小さくなり、E点で総供給と総需要は等しくなります。また、価格がP_2の場合には、②に対応する分の超過需要が生じています。商品であれば不足している状態です。しかしながら、ここでも価格がP_Eまで上昇することにより、②の格差は小さくなり、E点で総供給と総需要は等しくなりま

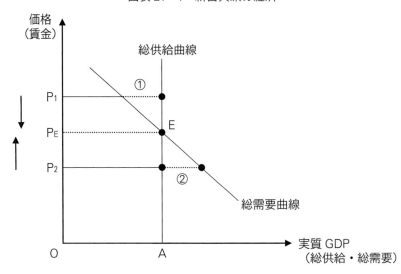

図表21-1 新古典派の経済

す。つまり，商品であれば価格で，労働であれば賃金で調整されることにより「必ず総供給と総需要が等しくなる」のです。新古典派の考え方によれば，供給が経済を動かすのです。

> **まとめ**
> 新古典派の考え方は「供給が需要を決める」 ⇒ 商品なら価格，労働なら賃金が変化して，需要が供給に合わせて変化する

●需要サイドの特徴

他方，需要サイドの要因は，短期的に変化することが多くなります。消費や投資，特に投資は，その年の景気や，今後の景気見通しにより大きく変化することがあります。また，外国の景気がよくなれば，外国の消費者が日本の商品を買ってくれますので，日本の輸出が増加しますし，日本の景気がよくなれば，外国の商品を日本の消費者が買いますので，外国からの日本の輸入が増加します。さらに輸出と輸入は，お金の交換比率である為替レートの動きによっても影響を受けます。したがって，需要側から経済の動きを説明する場合には，短い期間を対象として考えた方がよいということになります。

●ケインジアンの考え方

ケインジアンの考え方は，**「価格調整の力は弱いので，総需要が不足するときには政府による政策が必要である」**というものです。そのポイントは，景気が悪くなって消費や投

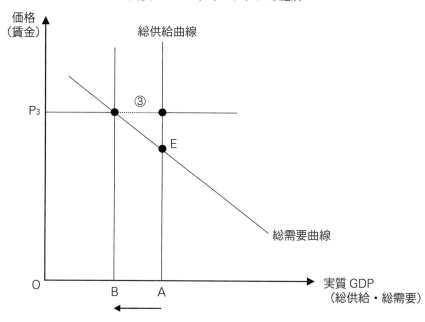

図表21-2 ケインジアンの経済

資が減少しても、価格がすぐには下落せず、供給側が生産量を減少させてしまう、つまり、需要に対して供給が合わせることになるということにあります。第22章で見るように、生産が減少することは所得や雇用の減少につながるので、政府が積極的に政府支出を行い、景気を刺激することが必要であると主張しているのです。

ケインジアンの考え方では、総供給と総需要の間に格差がある場合でも、短期的には価格によって調整されません。総需要よりも総供給が多い場合には、商品を生産しても売れ残る、あるいは労働市場でも失業が生じている状態ですが、価格の変化あるいは賃金の変化によって需要が調整されないので、総需要の水準に総供給が縛られることになります。これを図にしてみると図表21-2のようになります。

図表21-2では、価格がP_3のときに、③に対応する超過供給が生じています。商品であれば売れ残りであり、労働市場で失業がある状態です。ここで図表21-1のように価格や賃金が下落すれば、総供給と総需要はE点で等しくなりますが、短期的に価格や賃金の調整が働かない場合には、総供給はAからBのように減少してしまいます。つまり、価格の調整がないために、供給が需要に合わせることになってしまうのです。

このような需要不足の状態では、供給が需要に合わせることにより生産を減少させてしまうので、これを解消するためには「政府が積極的に介入して、需要を増加させるような政府支出や減税を行う」ことが必要です。ケインジアンの考え方において、価格が短期的に変化しないことを**価格の硬直性**といいます。その中でも**名目賃金の下方硬直性**は、調整が機能しない1つの根拠として取り上げられています。

> **まとめ**
> ケインジアンの考え方は「短期的には価格調整の力が弱いので，総需要が不足すると ⇒ 供給が需要に合わせて変化するきには，政府による政策が必要になる」

●日本経済の調整

日本経済は，1980年代は高い経済成長率を維持していますが，バブル景気をきっかけとして，1990年代には成長の程度が小さくなりました。2003年ごろから成長が回復基調に入っていましたが，2008年の国際金融危機の影響で，再び景気は後退し，2016年には実質でプラス成長に回復しています。本章で勉強したことから，この日本経済の動きをどのように説明できるでしょうか。

本章では，需要側の要素は短期的に，供給側の要素は長期的に見るのがよいという説明を行いました。経済の需要側に大きな変化が生じたとき，特に景気の悪い側面が顕著になったとき，供給側の要素を短期的に調整することはかなり難しいことです。これが**供給側の過剰供給能力**を引き起こします。バブル景気まで高い成長を続けているときには，増加する需要に対して，企業は社員を大幅に増やし，工場や設備を拡大していきます。しかしながら，バブル景気が崩壊し，景気が悪くなって消費や投資が減少すると，これまで拡張してきた社員の人数や，工場や設備は需要に対して過剰になるのです。1990年代からの日本経済はこのような過剰供給能力を調整してきたといえます。十数年をかけて調整してきたにもかかわらず，国際金融危機でさらに調整を必要とする状況になったことは，日本経済の構造が以前と異なる側面を持っていることを意味します。

ケインジアンの考え方からすると，国際金融危機後のような景気悪化に対しては，需要を拡大するような，公共投資などの政府支出を増加させる，減税を行うといった政策をとることが望ましいということになります。これらの政策により消費や投資が増加することによって，需要側と供給側の過剰供給能力との格差は小さくなります。政府の政策として，成長が見込まれる産業への投資を促進させる政策，消費拡大の政策をとるという短期的な視点からの対応だけではなく，日本経済の構造がどのように変化しているかをきちんと把握することによる，大きな変化が起きたときの経済への影響を小さくするという中期的，長期的な視点からの対応が重要になってくるのです。

> 演習問題

以下の文章の下線部に適切な語句を入れなさい。

新古典派の考え方は「＿＿＿＿＿＿が＿＿＿＿＿＿を決める」というものです。それは，市場における＿＿＿＿＿＿の調整能力を信頼しているからです。
ケインジアンの考え方は「＿＿＿＿＿＿調整の力は弱いので，総需要が不足するときには＿＿＿＿＿＿による政策が必要である」というものです。

コラム⑧　有効需要

　ケインジアンの考え方は，「価格調整の力は弱いので，総需要が不足するときには政府による政策が必要である」というものであることを第21章で見ました。この総需要と同じ意味で使われているのが「有効需要（Effective Demand）」です。

　経済学者ケインズにより提唱された「有効需要の原理」が，ケインジアンの考え方の基盤となっています。「有効需要」は，通常の「需要」と何が異なるのでしょうか。

　この「有効」という用語には，「購買力で裏付けられた」という意味が入っています。一般に，需要は，商品をほしいと思うことですが，「購買力で裏付けられた需要」つまり，実際に買うことのできるお金がある上で商品をほしいと思うことを「有効需要」というのです。

　第22章から見ていくように，GDPの支出面は，消費・投資・政府支出・純輸出（輸出－輸入）で構成されます。これらは購買力で裏付けられた需要ですので，有効需要がGDPを決めるともいえます。そうすると，有効需要を調整することによって，景気を動かすことができそうです。これが「総需要管理政策」です。

　ケインジアンの考え方からすると，短期的には価格や賃金が硬直的であるため，商品の数量を調整することが必要になります。景気が悪くなれば，需要に合わせて供給が数量を減らさなくてはなりません。景気をよくするには有効需要を発生させることが必要であり，それに合わせて供給が上方への数量調整を行うことができるのです。この有効需要を発生させるために政府が行うのが，先にあげた総需要管理政策であり，政府支出の増加や減税など財政政策，金利引下げなど金融政策を用いて景気をよくしようとするのです。

生産・所得・需要の決定と消費関数

◎キーワード：景気の波及メカニズム，限界消費性向，乗数効果，三面等価の原則，消費関数，45度線

> **POINT**
>
> 経済の調子がよくなったり悪くなったりするのはなぜでしょうか。そこには，第18章の三面等価の原則で見た，生産面・分配面・支出面のつながりから生じる景気の波及メカニズムがあると考えられます。消費や投資が変化することが生産を変化させ，生産の変化が雇用や所得に影響し，さらにそれが支出面に影響を及ぼします。このようにして景気が上昇したり下降したりするメカニズムを乗数効果といいます。本章では，景気の波及メカニズム，乗数効果の説明に加えて，消費関数と45度線を用いて均衡点を求めることにより，三面等価の原則の数式と図による説明を行います。

●景気と需要・供給サイド

景気がよいということを考えるとき，具体的にどのようなことが思い浮かぶでしょうか。「モノがたくさん売れる」「所得が増える」「たくさん消費する」など供給サイド・需要サイド両方の要素が出てくるでしょう。しかしながら，「生産しても買ってくれなければ売れない」「たくさん買ってくれるからたくさん生産する」という側面を見てみると，実際に景気を考える場合は，需要側の要素が重要な意味を持っていることがわかります。

まず，消費や投資が増加すると仮定しましょう。支出が増加することは生産を拡大させることで企業の収益を増加させ，所得が増加して失業が減少します。所得が増加して，雇用状況がよくなることで，消費はさらに増加します。次に，このメカニズムを具体的に見てみましょう。

●景気の波及メカニズム

例えば，猛暑の夏となり，エアコン需要が平年よりも100億円多くなったと仮定します。家電メーカーは，需要に対応して100億円分多く生産を行い販売します。この100億

円は，家電メーカーを含むエアコン生産に関連する企業の所得を100億円増加させることになります。

ここで，経済全体の所得増加分は100億円（最初の需要増加と同じ）です。所得が増加した家電メーカーの社員は，その所得のいくらかを衣服やレジャーなどの商品を購入することに回すでしょう。

重要なのは，所得が増加したうちのいくらを消費に回すかということです。1万円所得が増加したら，8,000円（80％＝0.8）は商品を買うのに使い，2,000円（20％＝0.2）は貯蓄するということであれば，この0.8を**限界消費性向**といいます。

家電メーカーの社員は衣服に関心を持っていると仮定して，増加した100億円のうち80億円が衣服に回るとします。そうすると，衣服関連企業の生産が80億円分増加し，所得が80億円増加します。

さらに，衣服関連企業の社員たちも増加した80億円の所得のうち，80％（64億円）を消費に回すとします。この社員たちはお酒が好きなので，80億円のうち64億円が居酒屋での消費に回るとします。そうすると，居酒屋サービスの生産が64億円分増加し，所得が64億円増加します。

ここまでで，経済全体の所得は244億円増加しています。100億円のエアコンの需要増加が，2.44倍の所得増加につながっているのです。

ここから，居酒屋の社員の消費が増加，さらにその消費から生産が増加して，所得が増加すると，所得が増加した企業の社員がまた消費を増加させるという仕組みになります。最終的に所得のうちの80％を消費に回すと，経済全体では500億円の所得増加になるのです。

$$100\text{億} + 0.8 \times 100\text{億} + 0.8^2 \times 100\text{億} + 0.8^3 \times 100\text{億} + 0.8^4 \times 100\text{億} + \cdots$$
$$= 100\text{億}(1 + 0.8 + 0.8^2 + 0.8^3 + 0.8^4 + \cdots) \quad [\leftarrow \text{初項}100\text{億，公比}0.8\text{の無限等比級数}]$$
$$= 100\text{億} \times \frac{1}{1-0.8} \quad [\leftarrow \text{無限等比級数の和：} \frac{1}{1-0.8}(=5)\text{が乗数です}]$$
$$= 500\text{億}$$

最初のエアコン需要の増加による，衣服の需要増加を**二次的な派生需要**といいます。また，居酒屋の需要増加を**三次的な派生需要**といいます。

エアコン需要が増加したことが，生産増加，所得増加へとつながり，所得の増加のうちいくらかを他の商品への消費に回すことによって，所得の増加が最初の需要増加の数倍になることを**乗数効果**といい，その効果を表す数字を**乗数**といいます。

> **まとめ**
> 所得の増加のうち，いくらかを消費に回すと，乗数効果が働く。

●三面等価の原則のおさらい

　景気がよいときには，需要が増加することが生産を増大させ，所得を増加させ，それが二次的な派生需要を生んで，さらにその需要が生産の増大，所得の増加につながって，三次的な派生需要を生みます。前半では，この仕組みによって，ある商品の需要増加が，限界消費性向による消費の増加を通して景気をさらによくしていく乗数効果のプロセスを見ました。

　需要側を表す支出面は，消費，投資，政府支出，純輸出（輸出−輸入）から構成されます。

$$\text{GDP（生産面）} = \text{GDP（分配面）} = Y$$
$$= \text{GDP（支出面）} = C + I + G + EX - IM \cdots\cdots(22-1)$$

　Y：（国民）所得　　C：消費　　I：投資　　G：政府支出　　EX：輸出　　IM：輸入

　経済における生産・所得・需要のメカニズムの理解を深めるために3つのステップを考察します。〔ステップ1〕支出面はすべて消費である場合，〔ステップ2〕支出面は消費・投資・政府支出である場合，〔ステップ3〕海外部門も含む場合（上の形式）です。支出面のGDPが消費のみからなることは（22-2）式のように表されます。

●ステップ1

$$Y = C \cdots\cdots(22-2)$$

　このメカニズムはどのように作用するでしょうか。エアコンの話を思い出してみましょう。猛暑による需要の増加が生産につながり，生産拡大が所得の増加につながりました。

図表22-1　生産・所得・支出のメカニズム

さらに，その所得の増加のいくらかが他の商品への需要増加に結びついています。このように考えると，以下のようなメカニズムであることがわかります。

ここには①・②・③という３つの関係がありますが，このうち２つの関係がわかれば，メカニズムの全体像を見ることができます。

消費関数という重要な枠組みを理解するため，③のプロセスから説明していきます。

●消費と所得の関係：消費関数

消費は，一般に所得が増加すると，増加します。これを関数の形で表すと以下のようになります。

$$C = C(Y) \quad \cdots\cdots(22-3)$$
$$C = 50 + 0.8Y \cdots\cdots(22-4)$$

（22－3）式は，消費 C が所得 Y（GDP）の関数であることを示したもの（**消費関数**）です。（22－4）式は，具体的に数値を入れたものですが，以下で詳細を説明していきます。

この関数は，「消費 C は，所得 Y が高くなるほど大きくなる」ことを示しています。つまり，消費と所得は正の関係にあります。

［消費と所得の関係］
　　　所得が増加　→　消費が増加
　　　所得が減少　→　消費が減少

図表 22－2　消費関数

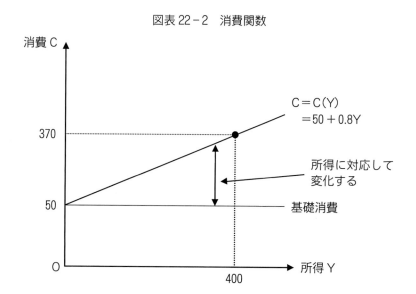

また，消費関数の傾きを**限界消費性向**といいますが，ここでは 0.8 であり，増加した所得のうち 80％ を消費に回すということです。50 は**基礎消費**といい，生活に最低限必要な消費の額を表しています。(22-4) 式を図で表すと，図表 22-2 のようになります。

● 45 度線と所得水準の決定

次に，②の生産と所得の関係を見てみましょう。ここでは，生産し販売されたものがそのまま所得になると考えます。そこで，生産と所得が等しくなるような線を引いてみましょう。この生産＝所得の線を **45 度線**といいます。

図表 22-3 において，45 度線と消費関数が交わる点では，生産と所得と消費が等しくなっています。それでは，これらをどのように求めればよいでしょうか。

(生産 Y＝) 所得 Y＝ (消費 C＝) 50＋0.8Y

Y＝50＋0.8Y

Y－0.8Y＝50　0.2Y＝50　Y*＝250

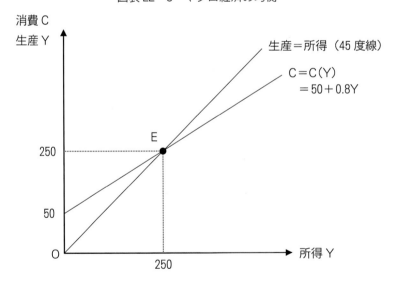

図表 22-3　マクロ経済の均衡

生産と所得と消費が等しい E 点では，これらの値が 250 で三面等価の原則（生産面＝分配面＝支出面）が成立しており，需要と供給が等しくなっています。この点をマクロ経済の**均衡点**といい，そのときの所得を一般に**均衡国民所得**といいます。

●均衡国民所得と完全雇用国民所得

均衡国民所得は，需要と供給が一致する国民所得ですので，景気がよくてもよくなくても需給が等しくなる国民所得です。需要と供給が同じになる国民所得がどのような状態にあるかを見るには，労働と資本が十分に生かされている状況，つまり資本設備がフル稼働しており，非自発的失業者のいない（第28章を参照してください）**完全雇用国民所得**と比較する必要があります。

均衡国民所得が完全雇用国民所得を上回る場合，財市場は超過需要となっており，数量調整が難しくなることから，価格の上昇圧力が生じることになります。この均衡国民所得が完全雇用国民所得を上回る分を**インフレ・ギャップ**といいます。総需要が減少することによってインフレ・ギャップは解消されます。

また，均衡国民所得が完全雇用国民所得を下回る場合，総需要を増加させることによって，経済を完全雇用の状態に持っていくことが可能です。この均衡国民所得が完全雇用国民所得を下回る分を**デフレ・ギャップ**といいます。経済学者**ケインズ**は，このような状況下で，政府が政府支出を増加させ，総需要を増加させる必要があると考えたのです。

演習問題

1　所得のうち消費に回す割合が90％になる場合（限界消費性向0.9），50％になる場合（限界消費性向0.5），20％になる場合（限界消費性向0.2）の乗数を求めて，景気に及ぼす影響がどのように異なるか考えなさい。

2　雑誌で紹介されたケーキに対する需要が増加して，ケーキ産業の所得が1,000万円増加したとします。これらの所得のうち60％が他の商品の消費に回るとすると，この1,000万円の需要増加は最終的にいくらの所得増加につながりますか。

3　猛暑でジュースの需要が増加し，飲料産業の所得が5,000万円増加しました。乗数効果で，経済全体の所得増加が最終的に2億円になったとすると，限界消費性向はいくらであると考えられますか。

4　図表22-3では均衡国民所得が250になっている。
　①　完全雇用国民所得が350のときのデフレ・ギャップを求めなさい。

　②　完全雇用国民所得が180のときのインフレ・ギャップを求めなさい。

投資・政府支出の導入と国際経済への拡張

◎キーワード：投資，政府支出，輸出，輸入，ISバランス

> **POINT**
>
> 第22章では，GDPの支出面が消費のみであると仮定して，生産・所得・需要（消費）のメカニズムを確認しました。また，消費関数と45度線を用いることにより，三面等価の原則が成立する点を示すことができました。本章では，支出面が消費だけではなく，投資，政府支出を含む場合，海外部門を取り入れる場合を考えます。基本的な考え方は変わりませんが，取り入れる要素を増やしていくことによって，より現実の経済に近づけていくことになります。さらに，ここではISバランス・アプローチの考え方を紹介します。

●投資と政府支出の導入

それでは，GDPの支出面が**消費・投資・政府支出**から構成されるという仮定へと拡張して，生産・所得・支出がどのように決まるかを考えていきましょう。

GDPが消費，投資，政府支出から構成されるという式は以下のように表されます。

●ステップ2

$$Y = C + I + G \cdots\cdots(23-1)$$

投資Iは，企業が将来のために工場や機械設備に投資する**設備投資**や，売れ残った財を在庫として持つ**在庫投資**です。また，政府支出Gは教育，医療など**政府消費**と，道路や公共事業に対する**公共投資**から構成されます。

消費関数は所得によって消費が変化することを示すものでしたが，ここでの投資と政府支出については，それらがどのように決まるかということは考えず，一定の（与えられた）数値をとるものとします。

図表23-1からもわかるように，「投資と政府支出の分だけ，消費関数が上方にシフト」

図表23-1 投資と政府支出

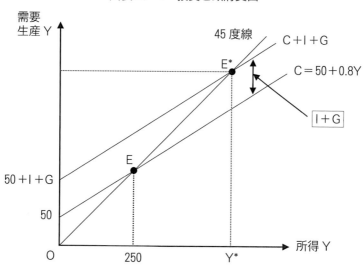

します。ここでの需要は，消費と投資と政府支出なので，上方にシフトした線と45度線の交点では，生産と所得と需要（＝消費＋投資＋政府支出）が等しくなっています。消費や投資や政府支出が増加したときに，この線が上方にシフトして，乗数倍だけ所得が増加することについては，消費のみの場合と同じです。

ここで，投資Iと政府支出Gに数字を与えて，均衡国民所得を求めてみましょう。以下のようなマクロ経済モデルを考えます。

●マクロ経済モデル①

$Y = C + I + G$
$C = 50 + 0.8Y$
$I = 30$
$G = 20$

最初の式に，C，I，GをそれぞれあてはめてYを求めると500になります。導出は以下のとおりです。

$Y = C + I + G = 50 + 0.8Y + 30 + 20$
$Y - 0.8Y = 100$
$(1 - 0.8)Y = 100$
$Y = \dfrac{1}{1 - 0.8} \times 100$
$\quad = 5 \times 100 = 500 \quad Y^* = 500$

図表23-2　マクロ経済モデル①

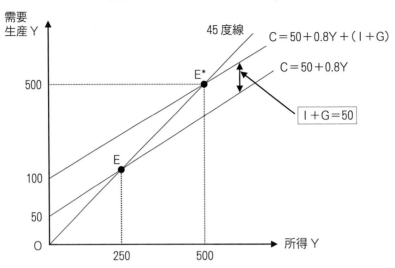

ここで、$1/(1-0.8)=5$ は、先に説明した乗数であり、**投資乗数**あるいは**政府支出乗数**といいます。

ここで、投資が増加する、あるいは政府支出を増加させるような場合には、その分だけ生産が増加（縦方向への動き）、所得が増加（横方向への動き）して、さらに限界消費性向の分だけ消費が増加するという乗数効果のメカニズムが作用することで、均衡点は（例えばE点からE*点のように）右上方へとシフトします。

> **まとめ**
> 投資、政府支出が増加すると、投資乗数（政府支出乗数）倍、GDPが増える。

● ステップ3

これまで学んできた内容を、国際経済へと拡張してみましょう。(22-1) 式をもう一度確認してみます。

$$\text{GDP（生産面）} = \text{GDP（分配面）} = Y$$
$$= \text{GDP（支出面）} = C + I + G + EX - IM \cdots\cdots (22\text{-}1)$$

支出面における需要の増加は、生産を拡大させ、生産の増加は所得の増加につながり、所得の増加の一定割合がまた支出されることで、景気はよくなっていくというのが、乗数効果のプロセスです。

海外部門として、**輸出**（EX）と**輸入**（IM）を考慮することで、マクロ経済モデル②を分析してみましょう。

●マクロ経済モデル②

$Y = C + I + G + EX - IM$
$C = 100 + 0.8Y$
$I = 20$
$G = 20$
$EX = 70$
$IM = 10 + 0.2Y$

　ここで、輸出（EX）は、投資Ⅰや政府支出Gと同様に所与であるとしますが、それは、自国の輸出は海外の景気に影響されることが多いからです。また、輸入（IM）が所得Yの関数になるのは、自国の景気がよくなると、一般に外国製品への需要が増加するからです。さらに、輸出や輸入は、変動レート制度であれば為替レートの動きに影響を受けますが、ここでは固定レート制度をとっている（自国通貨と外国通貨の交換比率が変わらない）と仮定します。それではこのモデルを解いてみましょう。

$Y = C + I + G + EX - IM = 100 + 0.8Y + 20 + 20 + 70 - (10 + 0.2Y)$
$Y = 200 + 0.8Y - 0.2Y$
$(1 - 0.8 + 0.2)Y = 200$
$Y = \dfrac{1}{1 - 0.8 + 0.2} \times 200 = \dfrac{1}{0.4} \times 200 = 2.5 \times 200 = 500 \quad Y^* = 500$

　Yは500になります。ここで、海外の景気がよくなり、輸出（EX）が20増加すると仮定します。Yはいくら増加するでしょうか。計算してみるとYは550になります。輸出が20増加したのに対して、GDPは2.5倍、つまり50増加しました。この2.5のことを**貿易乗数**といいます。固定レート制度の場合には、貿易乗数の分だけ、外国の景気が国際的に波及することがわかります。

> **まとめ**
> 　　自国の景気がよくなる　⇒　所得↑　⇒　輸入↑　⇒　輸入は所得の関数
> 　　輸出が増加すると、貿易乗数倍、GDPが増える

● ISバランス・アプローチ

　マクロ経済モデル①および②の問題から、ISバランス・アプローチの考え方を紹介してみます。Iは投資、Sは貯蓄ですが、(23-1) 式と合わせて、以下の (23-2) 式を用います。

$$Y - T = C + S \cdots\cdots (23-2)$$

（23-2）式は，所得から税金を差し引いたもの（**可処分所得**といいます）が，消費と貯蓄に回ることを示したものです。これとマクロ経済モデル①および②の式を用いると，以下のように示すことができます。

$$(S - I) + (T - G) = 0 \quad\cdots\cdots (23-3) \quad (\leftarrow \text{マクロ経済モデル①から})$$
$$(S - I) + (T - G) = EX - IM \cdots\cdots (23-4) \quad (\leftarrow \text{マクロ経済モデル②から})$$

（S-I）は貯蓄投資バランス，（T-G）は財政収支，EX-IMは貿易収支を示しています。これらは恒等式ですので因果関係を示すものではありませんが，（23-4）式からは，政府部門が赤字（（T-G）がマイナス）で，貿易収支が黒字（（EX-IM）がプラス）であれば，貯蓄が投資を上回る（（S-I）がプラス）ことがわかります。

> 演習問題

1　次のようなマクロ経済モデルを考えます。①均衡国民所得 Y^* を求めなさい。②景気をよくするため，政府支出 G を 20 増加させて 60 にしたとき Y はどれだけ増加するかを求めなさい。

　　$Y = C + I + G$
　　$C = 80 + 0.6Y$
　　$I = 60$
　　$G = 40$

2　次のようなマクロ経済モデルを考えます。①均衡国民所得 Y^* を求めなさい。②このときの貿易収支（輸出－輸入）が黒字になるか赤字になるかを考えなさい。③景気をよくするため，政府支出 G を 30 増加させて 90 にしたとき Y はどれだけ増加するかを求めなさい。

　　$Y = C + I + G + EX - IM$
　　$C = 100 + 0.5Y$
　　$I = 80$
　　$G = 60$
　　$EX = 80$
　　$IM = 20 + 0.1Y$

コラム⑨　為替レートが輸出と輸入に与える効果

　第23章では，固定レート制度の場合には，貿易乗数の分だけ，外国の景気が国際的に波及することがわかりました。海外で経済の調子がよくなると，自国からの輸出が増加してそれが所得の増加につながるのです。他方，海外で経済の調子が悪くなると，自国からの輸出が減少して，所得の減少へとつながります。2008年に起きた世界金融危機では，アメリカで起きた金融ショックが世界中に大きな影響を及ぼしましたが，その影響の一部分は第23章の説明から理解できるでしょう。

　さて，為替レート制度が変動レート制度の場合には，為替レートが輸出や輸入に与える影響はどのように変わるでしょうか。

　変動レート制度が導入された当時は，この制度が貿易収支（経常収支）の不均衡を調整できると考えられていました。つまり，外国の景気の影響が遮断されるということです。例えば，第23章の分析と同じように，外国の景気がよくなり，日本の輸出が増加するとします。輸出が増加すると（例えば）ドルを受け取るので，そのドルを円に換えることで，為替レートは円高ドル安になります。円高ドル安になると，円の価値が高くなることから，日本の商品が外国で高くなり，外国の商品が日本で安くなります。そこで，日本からの輸出が減少，外国からの輸入が増加して，当初の輸出による貿易黒字は解消されます。為替レートの動きが，結果的に輸出と輸入を等しくするのです。

　しかしながら，現実には，為替レートが貿易収支を調整するという機能は十分に働きませんでした。なぜなら，国際的な取引として，貿易取引だけではなく，資本取引が大きな存在になったからです。為替レートもこの資本取引の影響を強く受けるようになりました。国際的な資本移動も取り入れて，固定レート制度と変動レート制度における政策効果の分析を行っているのがマンデル＝フレミング・モデルです。

24 貨幣が持つ機能

◎キーワード：貨幣，交換媒介機能，価値尺度，価値の保蔵手段

> **POINT**
>
> 貨幣は，通常は買う側から売る側へと渡るため，商品とは逆の動きをしています。そこで，財市場とは別に，貨幣市場の需要・供給も考えてみる必要があります。一般的に，貨幣とされているのは現金と預金ですが，生活の中における貨幣の機能として最も重要なものといえるのは，交換媒介機能でしょう。さらに，貨幣が持つ機能として，価値尺度と価値の保蔵手段についても説明します。

●貨幣とは何か

これまでは商品の取引に注目して，財（商品）市場の需要と供給を学んできました。商品の取引とは，例えば，AさんがB店でおにぎりを買うとすれば，AさんはB店に代金を支払うことによっておにぎりを自分のものにすることです。ここで，おにぎりはB店からAさんへと移動していますが，AさんからB店へと移動したものは何でしょうか。すでに答えは示されていますが，それは**貨幣**（支払い代金）です。つまり，貨幣は商品とは逆の動きをしているので，貨幣市場の需要と供給という点から勉強することも可能になるのです。

それでは，貨幣とはどのようなものなのでしょうか。一般に日常の取引に使われているのは紙幣や硬貨などの**現金**ですが，取引には現金だけでなくクレジットカードなども使われます。クレジットカードの引き落としや公共料金の振込は預金を通して行われていますので**預金**も貨幣ということができます。預金には，企業が取引の決済に使う**当座預金**，一般的に使われる**普通預金**，そして貯蓄性が強い**定期預金**があります。貨幣が取引に使われるものと考えるとき，これらの預金の中で最も貨幣に近いのは当座預金であり，貯蓄性が強く，取引に使われる目的からは離れている定期預金が最も貨幣から遠いといえます。

（貨幣に近い）　　　　　　　（貨幣から遠い）
　　　当座預金　－　普通預金　－　定期預金

●貨幣の交換媒介機能

　それでは，貨幣を持つことにはどのような意味があるのでしょうか。これを理解するには，物々交換を考えてみるとよいでしょう。図表24-1を見てください。

　Aさんはりんごを持っていて，みかんが欲しいと仮定します。また，Bさんはみかんを持っていて，バナナが欲しいとします。この2人の物々交換は成立するでしょうか。もちろん，ここでは成立しません。なぜなら，Aさんの欲しいものをBさんは持っていますが，Bさんの欲しいものをAさんが持っていないからです。

　物々交換では，「<u>Aさんが売りたいものとBさんが買いたいもの，Aさんが買いたいものとBさんが売りたいもの</u>がそれぞれ同じ」にならなければなりません。この例では，Aさんがバナナを持っていれば，Bさんと交換が成立します。

　「自分が欲しいものを持っている人が求めているもの」を持っていなければならないとなると，それを探すだけでも時間と労力がかかります。また「自分が求めている商品を持っていて，自分が持っている商品を欲しいと思っている人」を探すのも大変なことです。

　このように考えると，貨幣の重要な役割が見えてきます。つまり，自分が売りたい商品を買ってくれる人に対しては，その商品を売って貨幣を受け取ります。そして，自分が買いたいものを持っている人が出てきたときには，貨幣を支払ってその商品を買うということが可能になるのです。貨幣がとても便利な機能を持っていることが理解できるでしょう。

●貿易と貨幣の役割

　それでは，先の物々交換の例を，国どうしの貿易に当てはめて考えてみましょう。いま，

図表24-1　物々交換の成立条件

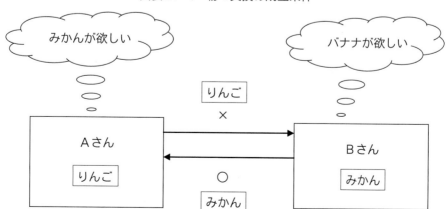

世界には日本，米国，EU（欧州連合）のみがあり，日本は小麦，米国はワイン，EUは自動車が欲しいと仮定します。また，ワインを生産できるのはEU，自動車を生産できるのは日本，小麦を生産できるのは米国であるとします。

このとき，日本と米国の取引，日本とEUの取引，米国とEUの取引は成立しないことがわかります。2国間で取引が成立しないということは，これらの国々は欲しいものを手に入れられないのでしょうか。ここでは試しに，商品のうち1つを貨幣として使うことにします。図表24－2を見てください。

日本が自動車をEUに輸出しても，日本が欲しい小麦は手に入りません。そこで，直接EUに自動車を輸出するのではなく，米国に自動車を輸出し，その代わりに小麦を手に入れます。米国は，いまは自動車が欲しいのではありません。それでも，ワインが欲しいので，ワインを生産しているEUに自動車を輸出して，ワインを手に入れます。

図表24－2　商品が貨幣となる場合

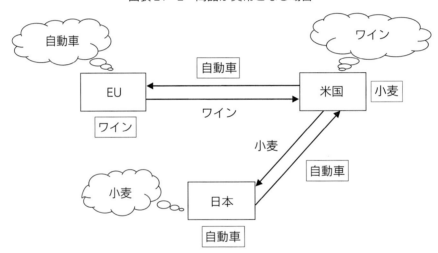

ここで重要なことは，米国が受け取った自動車は，米国が欲しい商品ではありませんが，後で欲しい商品と交換することができるという点です。これが，貨幣の**交換媒介機能**なのです。

日本，米国，EUは，それぞれ2国間では，自分が持っている商品と相手が欲しい商品，あるいは相手が持っている商品と自分が欲しい商品とが合っていません。ここでは，自動車が貨幣として交換媒介機能を果たすことにより，どの国も欲しい商品が手に入ったのです。もちろん，自動車の代わりに小麦，ワインを貨幣として使うことも可能です。

しかしながら，現実の貿易では商品が貨幣として使われることはほとんどありません。**一般的には，ドル・ユーロ・円などの通貨が貨幣として使われています。**

貿易取引がドルで行われていれば，日本はEUに自動車を輸出してその代金をドルで受け取り，米国から小麦を輸入して，ドルでその代金を支払うことができます。貨幣には，現代社会における経済取引を円滑に行うための交換媒介機能が備わっているのです。

> **まとめ**
> 後で欲しいものと交換できる ⇒ 貨幣の交換媒介機能
> （商品でも貨幣になることがある）

●貨幣の価値尺度としての機能

　日本では貨幣として円が使われており，アメリカではドル，ドイツやフランスではユーロが使われています。同じ通貨が使われているということは，**価値尺度**を考えるのに便利という重要な機能を貨幣が持っていることを意味しています。それは，とても多くの財やサービスが存在する現代では特に重要になってきます。

　例えば，Aさんが持っているりんご1個は，Bさんが持っているみかん2個と同じ価値として交換できるとします。また，このりんごはバナナ6本と交換できるとしましょう。そうすると，Bさんが持っているみかんは，バナナ3本と交換することができます。ここに，いちごやすいか，パイナップルなど多くの果物が入ってきたらどうでしょうか。この果物とこの果物はこの交換比率で，とやっていたら大変です。円やドルという貨幣は，これらの価値尺度を，例えば，りんご1個100円，みかん1個50円のようにそろえてくれるのです。また，日本では1個100円のりんごは，為替レートが1ドル100円であれば，アメリカでは1個1ドルとなります。日本で1つの貨幣，アメリカで1つの貨幣が使われていることで，為替レートを仲介として商品の価値尺度をそろえることが可能になります。どれほど財・サービスが多くなっても，同じ価値尺度ですべての財・サービスが測られるというすばらしい機能を貨幣は持っているのです。

●価値の保蔵手段としての機能

　貨幣は収益率が安定している安全資産の1つです。株式などのように，不確実性が存在するために資産価値が大きく変動する可能性のある資産とは異なります。株式や金融商品などは，それを持っていることで収益（利子）を得られる一方で，価値が下がるかもしれないというリスクがあります。他方，貨幣の場合には，収益（利子）は得られませんが，価値が変わらないという安心感があります。家で少しずつ貯金をするという行動や，へそくりをするという行動には，貨幣が**価値の保蔵手段**としての機能を持つということが大きく影響しているのです。

> [演習問題]
> 　図表24-2で，ワインを貨幣とする場合にどのようになるかを考えてください。

25 マネーストックとハイパワードマネー

◎キーワード：マネーストック，ハイパワードマネー，信用乗数

POINT

経済における貨幣の量は一般にマネーストックと呼ばれています。しかしながら，日本の中央銀行である日本銀行はそのすべてを供給しているわけではなく，ハイパワードマネーと呼ばれる部分を操作しています。この操作できるお金と経済に回っているお金の大きさの違いに関わっているのが信用乗数の効果です。

●ハイパワードマネー

経済で循環している貨幣は，大きく2つに分けて考えることができます。1つは経済における貨幣（供給）量である**マネーストック**，もう1つは，その経済における貨幣量を動かすために操作される**ハイパワードマネー**です。ハイパワードマネーは，経済におけるお金の基礎となる部分であり，マネタリーベースと呼ばれることもありますが，正確には，「中央銀行が民間経済主体に対して負っている負債の総額」と定義されます。

このハイパワードマネーの調節によって，経済における貨幣量の調整・管理を行うのは，日本の中央銀行である**日本銀行（日銀）**です。日銀は，以下の2つを操作することで，経済の貨幣量を調節します。

① 経済に流通している**現金通貨**
② 民間銀行が中央銀行に預ける**中央銀行預け金（日銀当座預金）**

中央銀行預け金は，民間銀行が預金総額のうち一定割合（法定準備率による）を，日銀に無利子で預け入れなければならないものであり，**日銀当座預金**ともいいます。日銀が，民間銀行の日銀当座預金の残高を増加させる方法は3つあります。図表25-1を見てください。

図表 25-1 ハイパワードマネー

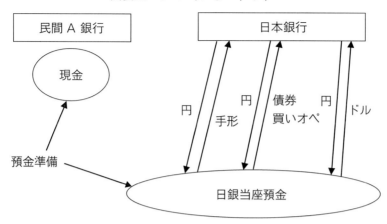

〔1〕 日銀貸し出し

　日銀が民間の銀行にお金を貸し出すことです。その貸し出しの金利が**公定歩合**になります。民間の銀行に貸し出されるお金が増加すれば，日銀当座預金が増加する，つまり，ハイパワードマネーが増加するのです。

〔2〕 公開市場操作

　日銀が優良手形や債券を購入することで民間の銀行に通貨を供給したり，手形や債券を売ることで通貨を引き揚げたりすることです。債券を買って日銀当座預金を増加させる場合を**買いオペ**，債券を売って日銀当座預金を減少させる場合を**売りオペ**といいます。買いオペの場合はハイパワードマネーが増加し，売りオペの場合はハイパワードマネーが減少します。

〔3〕 外国為替市場介入

　外国為替市場とは，円やドルなど多くの通貨が取引されている市場のことです。円とドルのみに注目すれば，円を売ってドルを買いたい人と，円を買ってドルを売りたい人がいて，円とドルの交換比率を**為替レート**といいます。政府や日銀がこの為替レートを変化させたいと思ったとき，**外貨準備**（多くはドル）を用いて，外国為替市場介入を行います。ドル売り円買い介入では，市場の円が減少して**円高**になり，ドル買い円売り介入では，市場の円が増加して**円安**になります。

　日銀が操作できるのはハイパワードマネーの部分ですが，実際には，経済に流通しているマネーストックは，ハイパワードマネーよりも多くなります。なぜなら，マネーストッ

クの変化には民間銀行が貸出しを行うことによる信用乗数の効果が大きく関わっているからです。

●信用乗数の効果

通常，企業は特定の銀行に当座預金を持っており，多くの企業との取引の決済をその銀行口座で行っています。

図表25-2を見てください。最初に，金融政策によりA銀行の日銀当座預金が1億円増加したと仮定します。そして，A銀行からC店が1億円の借入れを行い，その当座預金口座に1億円が振り込まれたとします。C店はD店との取引でこの1億円を支払う必要があるので，A銀行にあるC店の当座預金からB銀行にあるD店の当座預金に1億円が振り込まれます。B銀行はこの預金をそのままにはしておかず，支払い準備を残して，E店に（例えばここでは）9,000万円を貸し出します。貸し出された9,000万円はB銀行にあるE店の当座預金口座に入っているので，この時点で経済全体の預金は，D店の1億円とE店の9,000万円になり，ハイパワードマネーの1億円よりも，現金・預金であるマネーストックの方が多くなっていることがわかります。

ここで重要なのは，民間銀行に預金されたお金が貸出しに回り，その一部はまた別の銀行の預金になって，さらに貸出しに回るということです。銀行が貸出しを行うことにより，ハイパワードマネーはその数倍のマネーストックとして経済に流通していきます。

マネーストックが，最初に増加したハイパワードマネーの何倍になっているかという数字のことを**信用乗数**といいます。

図表25-2　信用乗数の仕組み

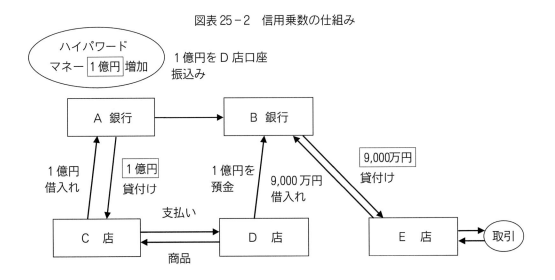

まとめ
信用乗数の効果は，預金のうちのいくらかが貸出しに回ることにより現れる。

●信用乗数の求め方

この信用乗数は，マネーストックとハイパワードマネーに関連する4つの式から求めることができます。

$$M = C + D \cdots (25-1) \qquad H = C + R \cdots (25-2)$$
$$C = \alpha \times D \cdots (25-3) \qquad R = \lambda \times D \cdots (25-4)$$

M：マネーストック　　H：ハイパワードマネー
C：現金　　D：預金　　R：中央銀行預け金（日銀当座預金）
α：現金預金比率　　λ：預金準備率

現金預金比率は，預金に対する現金の比率がどのくらいであるかを示しています。また，**預金準備率**は，銀行の預金全体に対してどのくらいが中央銀行の預け金となっているかを示したものです。

預金準備率は，法定準備率によって決められており，民間銀行が日銀に持っている日銀当座預金に一定割合が預けられていますが，日銀当座預金が多くなる場合，つまり銀行があまり企業に貸出しを行っていない場合などは，預金準備率と法定準備率が異なることもあります。

（25-1）に（25-3）を代入し，（25-2）に（25-3）と（25-4）を代入することで，信用乗数を求めることができます。

$$M = \alpha D + D \qquad H = \alpha D + \lambda D$$
$$\frac{M}{H} = \frac{1+\alpha}{\alpha+\lambda} \qquad M = \frac{1+\alpha}{\alpha+\lambda} H \cdots (25-5)$$

このハイパワードマネーHについている係数が**信用乗数**になります。ハイパワードマネーを増加させたとき，この信用乗数倍だけ，マネーストック，つまり，経済に流通する貨幣の量が増加するのです。

> **まとめ**
> 信用乗数の分母「現金預金比率 α ＋預金準備率 λ」分子「1 ＋現金預金比率 α」

●たんす預金と貸し渋り

　信用乗数に対する理解を深めるために，家計が銀行を信用せず預金しないで自分でお金を持っておく**たんす預金**と，銀行がリスクの高い企業には貸出しを行おうとしない**貸し渋り**の場合を考えてみましょう。

　たんす預金では，預金に対して現金を持つ人が増加します。つまり，現金預金比率 α が高くなります。他方，貸し渋りでは，預金に対して民間銀行が日銀に預ける日銀当座預金の残高が増加します。つまり，預金準備率 λ が高くなります。

　現在，現金預金比率 α が 0.2，預金準備率が 0.1 であると仮定します。預金 1 に対して現金が 0.2（20%）であり，預金のうち 10% が中央銀行預け金となっています。この場合，マネーストックとハイパワードマネーの関係は（25-6）のようになります。

$$M = \frac{1+0.2}{0.2+0.1}H = \frac{1.2}{0.3}H = 4H \cdots\cdots (25-6)$$

　信用乗数は 4 となり，ハイパワードマネーを増加させると，マネーストックは 4 倍増加することがわかります。それでは，ここから「たんす預金」と「貸し渋り」がある場合に，信用乗数がどのように変化するかを見ていきましょう。

　たんす預金の場合は α が 0.2 から 0.5 になると仮定します。現金を持つ人が増加して，預金に対する現金の割合が 20% から 50% にまで上昇するということです。この場合の信用乗数は（25-7）のとおりです。

$$M = \frac{1+0.5}{0.5+0.1}H = \frac{1.5}{0.6}H = 2.5H \cdots\cdots (25-7)$$

信用乗数は 2.5 となり，ハイパワードマネーを増加させたときのマネーストックの増加分が減少します。つまり，家計が預金を減少させると，銀行が貸し出すお金が減少し信用乗数の効果が弱まるのです。

　また，貸し渋りの場合は λ が 0.1 から 0.2 に増加すると仮定します。民間銀行が日銀に預ける中央銀行預け金を増加させ，企業への貸出しを減少させると考えます。この場合は（25-8）のようになります。

$$M = \frac{1+0.2}{0.2+0.2}H = \frac{1.2}{0.4}H = 3H \cdots\cdots (25-8)$$

信用乗数は3になります。銀行が中央銀行預け金を増加させて，企業への貸出しを減少させる場合にも信用乗数の効果は弱まってしまうのです。

　ここからわかることは，信用乗数の大きさが景気のよさを反映しているということです。銀行が企業にお金を貸し出すことが，企業による設備投資につながり，景気拡大に貢献するということになるのです。

● **マネーサプライとマネーストック**

　日本の中央銀行である日銀は，2008年にマネーサプライに関する統計の見直しを行い，名称を「マネーサプライ統計」から「マネーストック統計」へと変更しました（同年6月から公表開始）。マネーストックの各指標の概要は以下のとおりです。

　M1　＝　現金通貨　＋　預金通貨

　M2　＝　現金通貨　＋　国内銀行等に預けられた預金

　M3　＝　M1　＋　準通貨　＋　CD（譲渡性預金）

　現金通貨は，銀行券発行高および貨幣流通高，預金通貨は要求払預金のことを指します。また，準通貨には，定期預金，外貨預金などが含まれています。預金通貨は流動性が高いものであり，定期預金などの準通貨は流動性が低いものと考えればよいでしょう。

演習問題

1　信用乗数の効果を考えてみます。

（1）現在，現金預金比率が10%，預金準備率が10%であるとします。このときの信用乗数を求めなさい。

（2）（1）から現金預金比率が5%に下落したとき，信用乗数はどのように変わりますか。

（3）預金準備率が10%のままで，信用乗数が4.6になるとき，現金預金比率は何%になりますか。

2　日銀が公開市場操作を行ったとする。その結果，ハイパワードマネーが減少した場合は，（　　　）オペが行われており，ハイパワードマネーが増加した場合は（　　　）オペが行われたと考えられる。

26 貨幣供給と貨幣需要

◎キーワード：物価，貨幣の購買力，貨幣数量式，
ケンブリッジ方程式，金利，金融政策

> **POINT**
>
> 第25章では，日銀が操作できるハイパワードマネーと，経済に回っているマネーストックとの関係を見ました。この貨幣供給側について参考となるのが，貨幣の購買力という考え方，そして，貨幣数量式とケンブリッジ方程式です。また，貨幣需要とは，貨幣を持ちたいと思うことです。その動機には，主に取引動機・予備的動機・資産保有動機があります。取引動機・予備的動機に影響するのは所得，資産保有動機に影響するのは金利です。金利は貨幣保有の機会費用であるともいえます。中央銀行は金融政策を用い，所得と金利により変化する貨幣需要に合わせて貨幣供給量を調節するのです。

●貨幣供給と物価

信用乗数が大きいほど，銀行はお金を貸し出しており，ハイパワードマネーがマネーストックの増加につながる効果は大きくなります。このとき，経済では，お金がよく回っている景気のよい状態であるといえます。

他方，2008年9月の米国における金融危機，そしてそこから生じた国際金融危機のように景気がよくない状態のときは，銀行にお金を預けている人たちは現金で持つ傾向が強くなり，銀行は預金の引出しに備えて，貸出しを減らし支払い準備を多く持っておく，つまり日銀当座預金の残高を増加させておく傾向があります。景気がよくないときは，現金預金比率と預金準備率が高くなることで，信用乗数は小さくなるのです。

ここでは中央銀行がハイパワードマネーを増加させ，マネーストックを調節する場合に注目すべき要素として，**物価**を取り上げます。

●物価と購買力

物価とは「商品の価格」ですが，実は貨幣1単位で買うことのできる**貨幣の購買力**も表

しています。貨幣1単位で買うことのできる量は，物価が上昇すれば減り，物価が低下すれば増えます。例えば，1個100円のハンバーガーを考えてみましょう。1円で買うことができるハンバーガーの個数（量）は1/100個であり，貨幣（1円）の購買力は1/100個ということになります。

このハンバーガーが1個120円になると，購買力は1/120個になるので，「物価が上昇すると貨幣の購買力は下がる」ことがわかります。また，このハンバーガーが1個80円になると，購買力は1/80個になるので，「物価が下落すると貨幣の購買力は上がる」こともわかるでしょう。

> **まとめ**
> 1個100円のハンバーガー　⇒　1円の購買力は1/100（個）
> 　　　　　　　　　　　　　　100（円）集まると，1個買うことができる

●貨幣数量式

経済におけるすべての取引が貨幣で行われていると仮定します。取引と貨幣の利用については，以下の式が成立すると考えられます。

$MV = PT$ ……（26 - 1）

M：貨幣量　　　　　V：貨幣の流通速度
P：物価　　　　　　T：取引量

この式は**貨幣数量式**と呼ばれています。貨幣数量式の左辺は「貨幣量（マネーストック）」に，一定期間内で平均して貨幣が何回使われるかを示す「流通速度」が掛かっているので，「1年間に貨幣が全部で何円分使われたか」を表します。右辺は，「物価」に「取引量」が掛かっているので，「1年間に行われた取引総額」です。

例えば，1つの商品だけが取引されている経済を考えてみましょう。年間に1個100円（P＝100）で1億個取引される（T＝1億）とします。取引総額は100億円です。この経済に貨幣が20億円ある（M＝20億）とすると，貨幣の流通速度は5（V＝5）になります。つまり，貨幣は平均して5回，異なるお店や個人に使われたということになるのです。

ここで，貨幣の流通速度Vと取引量Tは一定であるとします。そうすると，マネーストックMが増加していることは物価Pが上昇していることを意味します。金融政策によってハイパワードマネーを増加させる場合，物価を上昇させることを目的としていることが多いのです。

> **まとめ**
> 貨幣数量式は「貨幣量（M）×流通速度（V）＝取引総額（PT）」の関係を示す。

●ケンブリッジ方程式

ここで，注目すべき要素をマネーストック M にしぼって考えてみましょう。貨幣数量式の取引量 T を実質 GDP y に比例する（T＝ay：a は定数）ものと仮定すると，マネーストックと名目 GDP の関係を示す**ケンブリッジ方程式**を求めることができます。

$$M = P\frac{a}{V}y = kPy \cdots\cdots(26-2) \qquad k\left(=\frac{a}{V}\right):マーシャルの k$$

この式からわかることを考えてみましょう。

① （他を一定として）マーシャルの k ↑ ── M ↑ 　　（流通速度 V ↓ → k ↑）
② （他を一定として）物価 P ↑ ── M ↑
③ （他を一定として）実質 GDP y ↑ ── M ↑
④ （他を一定として）名目 GDP Py ↑ ── M ↑

ここでは，マネーストックが名目 GDP に比例していること，そして，マーシャルの k をどのように理解するかが重要になります。マーシャルの k の分母には貨幣の流通速度 V があるので，貨幣の流通速度が高くなると，マーシャルの k は小さくなる一方，貨幣の流通速度が低くなるとマーシャルの k は大きくなります。流通速度が高くなるというのは貨幣をすぐに手放す人が多くなることを意味しているので，貨幣を持ちたいと思う人が減少する場合，つまり貨幣需要が減少する場合に，マーシャルの k は小さくなるのです。

> **まとめ**
> マーシャルの k は，貨幣の流通速度と関係がある ⇒ 貨幣需要

●貨幣需要とは何か

ここまでは主として，マネーストックつまり貨幣市場の供給側を見てきました。それでは，貨幣市場の需要側とはどのようなものなのでしょうか。財市場での需要とは，財（商品）を欲しいと思うこと（買うこと）でした。同じように考えれば，**貨幣需要**とは「貨幣を持ちたいと思うこと」ということになります。

経済学における仮定では，資産として**貨幣**か**債券**かどちらかを持つと考えます。この「債券」という分類の中には，株式なども含まれています。貨幣が「安全で価値が大きく変化せず，流動的つまりどのような商品とも交換が可能であるが，利子を生まない資産」

であるのに対して，債券は「価値が大きく変化するリスクがあり，流動的ではない，つまり商品と交換するのが難しい一方，利子を生む資産」となります。それでは，貨幣を保有する動機，債券を保有する動機を考えてみましょう。一方が増えればもう一方は減っていますので，ここでは貨幣市場のみを考えればよいということになります。

●貨幣の保有動機

Aさんが貨幣と債券のどちらを持つかを考えます。貨幣を持ちたいと思う動機は主として3つあります。

図表26-1　貨幣の保有動機と債券

金利が上昇した場合
Aさんの資産

貨幣 (取引動機)	貨幣 (予備的動機)	貨幣 (資産保有動機)	債券
貨幣 (取引動機)	貨幣 (予備的動機)	貨幣 (資産保有動機)	債券

貨幣需要：減少　　　　　　　債券需要：増加

① **取引動機**──日用品やいつも食べるもの，飲むものなど，ある程度決まった買い物のために，貨幣を持っておきたい。
② **予備的動機**──その場で買いたくなるものなど，予想できない買い物のために，貨幣を持っておきたい。
③ **資産保有動機**──債券や株式の価格が変動するリスクを避けるために，貨幣で持っておきたい。

①の取引動機，②の予備的動機による貨幣需要は，所得の増加によって増加することが予想できるでしょう。③の資産保有動機については，金利が上昇する場合を考えてみましょう。債券や株式の利回りがよくなると債券を買いたいと思う気持ちが強くなります。その債券を買うためにはお金を手放すことが必要です。これを言い換えれば，債券の利回りがよくなることで，貨幣を持ちたいと思わなくなる，つまり，資産保有動機による貨幣需要が減少するということです。

債券や株式からの利益が大きいのであれば，貨幣を保有せず債券や株式を買い，必要な時だけ貨幣にすればよくなります。つまり，金利がつくことは貨幣を保有することの**機会**

費用なのです。この場合は，貨幣を持つことで，債券や株式から得られる利益をあきらめているということです。

> **まとめ**
> 取引動機と予備的動機の貨幣需要　⇒　所得によって変化する
> 資産保有動機の貨幣需要　　　　　⇒　金利（株式や債券の収益）によって変化する

●ケンブリッジ方程式への応用

所得増加は，取引動機と予備的動機から貨幣需要を増加させ，所得減少は貨幣需要を減少させます。また，金利が上昇すると，貨幣を手放して債券を持ちたい人が増加します。つまり，資産保有動機から貨幣需要が減少します。金利の下落は貨幣需要を増加させます。これをケンブリッジ方程式に当てはめてみると，(26-3) 式のようになります。

$$\frac{M}{P} = ky \quad \cdots\cdots (26-3)$$

この式の右辺に注目してみましょう。実質 GDP y とマーシャルの k があります。所得増加は y の増加ですので，取引動機，予備的動機により貨幣需要が増加します。またマーシャルの k は，貨幣の流通速度が低くなると大きくなり，流通速度が高くなると小さくなるので，金利下落で貨幣を持ちたい人が増加すると大きくなり，金利上昇で貨幣を手放す人が増加すると小さくなります。ここから，金利が上がると (k が小さくなり) 資産保有動機から貨幣需要が減少すること，金利が下がると (k が大きくなり) 貨幣需要が増加することがわかります。

左辺はマネーストックを物価で割っていますが，これを**実質貨幣残高**といい，先に見た貨幣の購買力を表します（ハンバーガーの例では，M が 1 円，P が 100 円であったことを思い出しましょう）。こちら側を調整するのが，中央銀行である日銀の役割です。

●まとめ：貨幣市場の均衡と金融政策

貨幣市場では，金利によって変化する部分と所得によって変化する部分からなる貨幣需要が，マネーストックを物価で割った貨幣の購買力と等しくなります。これが，「貨幣需要と貨幣供給が等しくなること」を意味しているのです。

$$\frac{M}{P} = L(r, y) \quad \cdots\cdots (26-4)$$

(26-4) 式の右辺は，「貨幣需要が金利 r と所得（実質 GDP）y の関数である」ことを意

味しています。金利は資産保有動機による貨幣需要を，所得は取引動機，予備的動機による貨幣需要を変化させます。

　左辺は，実質貨幣残高であり，貨幣需要が一定であるとすれば，マネーストックが増加すると，物価が上昇しており，マネーストックが減少すれば，物価が下落しています。

　中央銀行は，ハイパワードマネーを変化させる（あるいは金利を変化させる）ことにより，マネーストックを操作して景気をよくする，あるいは景気を抑制することができるのです。このハイパワードマネーや金利を使って経済に影響を与えることを**金融政策**といいます。

演習問題

1　日本でおにぎりの価格が1個120円のとき，1円の購買力はいくらになりますか。また，アメリカでホットドッグの価格が1個2ドルのとき，1ドルの購買力はいくらになりますか。

2　貨幣数量式について考えます。

　　$MV = PT$

（1）　マネーストックMが50,000，貨幣の流通速度Vが20，取引量Tが100,000のとき，物価Pはいくらになりますか。

（2）　（1）で，マネーストックMを100,000に増加させると，物価Pはどのように変わりますか。

（3）　取引総額が一定の場合，マネーストックを増やすと，貨幣の流通速度はどのように変わる必要がありますか。

3　以下の各文が正しければ，（　　　）内に○を記入しなさい。

（　　）貨幣1単位で買うことのできる量は，物価が上昇すれば増加し，物価が下落すれば減少する。

（　　）貨幣数量式で，貨幣の流通速度と取引量が一定であれば，マネーストックと物価は同じように変化する。

（　　）ケンブリッジ方程式で，貨幣の流通速度が下がると，マーシャルのkは小さくなるので，マネーストックは減少する。

（　　）債券の金利が上昇すると，資産保有動機による貨幣需要が減少する。

27 マクロ経済政策

◎キーワード：政策目標，財政政策，金融政策

> **POINT**
>
> マクロ経済政策は一国の経済を調整するために採られるものですが，その最終目標は物価安定・経済成長・雇用確保です。これらの目標を達成するために，税金・政府支出を用いる財政政策，金利やハイパワードマネーを用いる金融政策が政策手段として選ばれます。ここでは，政策目標と政策手段について見てから金利の引下げによる経済への効果と減税による経済への効果を考えます。

● **政策目標と政策手段**

マクロ経済政策の運営においては，さまざまな経済指標がその評価や判断に利用されます。そのような経済指標は，**最終目標**と**中間目標**という2つの目標に分類されます。

最終目標はマクロ経済政策運営が最終的に目標とするものであり，安定した物価，適度な経済成長，雇用の確保などがあります。また，中間目標は，マクロ経済政策運営の直接的な目的ではありませんが，最終目標と重要な関連を持っており，政策効果の判断や，政策の方向を考える上で重要な意味を持つ指標です。財政政策を担う政府は財政収支，金融

図表27-1 中間目標と最終目標

	中間目標	最終目標
政府 →財政政策→	財政収支 金利 マネーストック 為替レート 国際収支	物価安定 経済成長 雇用確保
日銀 →金融政策→		

政策を担う日銀は金利やマネーストックなどを中間目標として政策運営を行っています。

また，為替レートの水準などは直接的に国民に関わるものではありませんが，貿易や投資，あるいは国内物価などに影響を及ぼすものとして，政策運営において注目されます。

●マクロ経済政策の手段

マクロ経済政策は，大きく**財政政策**と**金融政策**の2つに分けることができます。財政政策は，政府の支出額や税金を調整して，マクロ経済に影響を及ぼそうとする政策であり，金融政策は，貨幣供給量，金利や為替レートを通じて金融市場，外国為替市場に働きかけることにより，マクロ経済に影響を及ぼそうとする政策です。

財政政策は財務省をはじめとする政府，金融政策は中央銀行が行うものです。

〔財政政策①〕

景気の好不況に応じて，**公共投資**や**政府消費**など政府支出の水準を調整します。
→景気が過熱しているときは公共投資を減少させ，景気が悪いときは増加させます。
その財源は，税金あるいは国債・地方債など公債の発行によって賄われます。

〔財政政策②〕

景気の好不況に応じて，**税金**を調整します。
→景気が過熱しているときは増税を，景気が悪いときは減税を行います。
例えば，減税では，個人所得税の減税，企業に対する投資減税，不動産取引税の軽減などさまざまなタイプの減税が考えられます。

〔金融政策①〕

景気の好不況に応じて，**公開市場操作**（**買いオペ，売りオペ**）などの形で，金融市場に資金を供給したり，市場から資金を引き揚げたりします。
→資金の増加（金融緩和）により金利が低下し，投資などが刺激されて景気がよくなります。
資金の減少（金融引締）により金利は上昇し，投資などが控えられて景気には引き締め気味に働きます。

〔金融政策②：日本の金融政策の操作目標〕

2006年3月から中間目標を達成するための操作目標は短期金利（**無担保コールレート翌日物**）になっています。無担保コールレート翌日物とは，民間金融機関などが短期的な手元資金の余剰や不足を調整するための市場（コール市場）において，当日あるいは翌日に

かけて資金調達・運用に用いられる金利のことです。

それ以前は，2001年3月から2006年3月まで，金融政策の操作目標は「**無担保コールレート**」ではなく「**日銀当座預金残高**」が用いられていました。なお，1999年2月から2001年までは，操作目標を無担保コールレートとして，**ゼロ金利政策**が日銀によってとられていました。

●外国為替市場介入

為替レートもマクロ経済の動きに大きな影響を及ぼします。大幅な円高になれば輸出が困難になり，景気を悪化させるような影響を及ぼすこともあります。例えば，1ドル100円と1ドル200円の場合を比較してみると10,000ドル100万円，10,000ドル200万円となることから，円高の場合（前者）では相対的に外国の商品が安く，日本の商品が高くなること，円安の場合（後者）では外国の商品が高く，日本の商品が安くなることがわかります。

為替レートが経済に大きく影響している場合，政府・日銀は，外国為替市場での売買に介入することによって為替レートをコントロールすることがあります。

例えば，円高を阻止するためには，政府・中央銀行は手持ちの円を売却してドルを買います（円売りドル買い介入）。円安の場合には，ドルを売って円を買います（円買いドル売り介入）。

●金融政策の効果

中央銀行が金利を引き下げたときの経済全体への影響を図表27-2で考えてみましょう。ポイントは預けたときの利子と，借り入れるときの利息です。金利の低下は景気を刺激する役割を持っていることがわかります。

●財政政策の効果

減税の最も標準的なものとして所得税減税がありますが，ここでは，所得税の一部を一律に返してくれる一括減税を考えます。

減税は，消費や投資の増加（乗数メカニズム）を通じて，経済全体の有効需要を拡大していきます。そして，生産の増加，雇用・所得の増加につながります。図表27-3を完成させましょう。

しかしながら，減税による景気拡大は，投資などに対する資金需要を増加させることになり，金利を引き上げる効果を持ちます。金利の上昇は，投資を抑制し，円高によって輸出を減少させ，輸入を増加させるため，その効果が最大限に発揮されないことがあります。効果が相殺されることを**クラウディング・アウト**といいます。

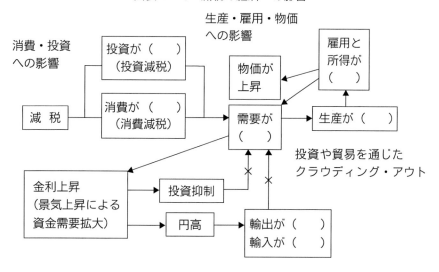

図表27-2 金利引下げの経済への影響

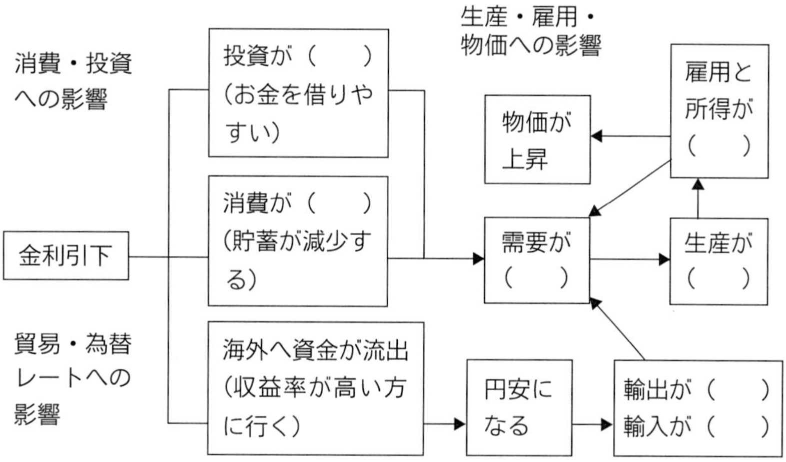

図表27-3 減税の経済への影響

　景気刺激としては同様の効果を持つ金利引下げ（金融緩和）と減税ですが，金利や為替レートには異なる影響を持つため，2つの政策を組み合わせる**ポリシー・ミックス**という考え方が重要な意味を持ってきます。

●日本の財政問題と財政学

　この章の前半では，政府が行う財政政策の手段と効果について考えました。財政政策を含め，政府の仕組みやその活動のあり方について，経済学の考え方を用いて分析する学問を財政学といいます。ここでは，日本の財政問題を簡単に説明しながら，財政学で勉強することを少しだけ見ていきましょう。

まず，財政学では政府という組織を，**中央政府**と，**地方政府**（日本での地方政府は，都道府県と市町村）の2つに分け，**一般会計**，**特別会計**という財政の基本的仕組みを学びます。

　その中で，特に重要になってくるのは，歳入面を支える税制と，歳出面の中心となる社会保障制度です。現在の日本では，政府部門の歳出は，税収だけでは支えることができず，将来の納税者の負担となる**財政赤字**（公債発行）によってまかなわれています。実際に問題なのは，一般歳出と呼ばれる部分を税収でまかなえていないことです。国債の発行による借金は，この一般歳出の一部と国債の利払費，償還費にあてられています。

● 世代間の不公平性に関する議論

　財政赤字は，税負担を将来に先送りするということで，世代間（若者世代と高齢者世代）の不公平性を示すものと考えることができます。しかしながら，財政赤字を発生させなくても，若者世代から高齢者世代への所得移転はできます。それは，現役の若者世代の所得税を引き上げ（歳入の増加），その増加分を高齢者に再分配するという方法です。

　したがって，財政赤字があるから世代間に不公平性があるとは，必ずしもいえないのです。

　この世代間の不公平性を分析するには，**世代会計**という指標が有用であるといわれています。これは，各世代の代表的個人を考えて，①生涯を通じて政府部門から得られる便益の現在価値と，②政府部門に対して支払う税・社会保障負担の現在価値を計算するというものです。現在価値とは，将来の便益や費用を現在の価値で適切に評価するものですが，①から②を引くと，各世代の代表的個人が政府部門から得られる純便益がわかります。内閣府の計算によれば，高齢者世代の純便益はプラスに，そして，将来世代の純便益は大きくマイナスになっています。

　世代間の公平性のバランスをどのようにとるのか，ここからが議論となるところですが，財政学では，現在の状況を見るだけではなく，経済学の考え方を用いながら，望ましい財政の仕組み，その中で，望ましい税制の仕組み，望ましい社会保障制度の仕組みについても考えます。伝統的な費用と便益を比較する考え方から，新しい制度設計の考え方まで，経済学的な手法を用い，望ましい方法があるかを検討します。日本経済，そして国際経済の現状を分析するために，一見難しそうな経済学の考え方，経済学の手法がとても役に立つのです。

● 日本銀行と物価の安定

　この章のはじめに，マクロ経済政策の最終目標は，物価安定・経済成長・雇用確保であることを見ました。金融政策を担っている日本銀行は2013年1月に，物価安定について，その目標を「消費者物価の前年比上昇率2％」と定めて，できるだけ早期に実現する

という約束をしました。

　これが決められた背景には，日本でデフレ経済が続いたこともあり，物価の安定が，日本におけるあらゆる経済活動の基盤となっているのが改めて確認されたことがあるでしょう。第28章の図表28-1からは，ここ20年ほどの間で，デフレの年が多いことがわかりますが，最近はインフレ率もプラスになってきています。ミクロ経済学で学んだように，家計は，価格（費用）と消費者余剰，企業は，価格（収入）と費用と生産者余剰という概念が重要になりますが，現実には，商品やサービスの価格を見て，消費や投資を行うかどうかを判断します。もし物価が短期間に大きく変動するようなことがあれば，家計や企業は消費や投資をするための判断ができず，経済は大きく混乱しますので，日本銀行が物価の安定を保つ政策を考えてくれるのは重要なことです。ちなみに，日本銀行法において，日本銀行の金融政策の理念は「物価の安定を図ることを通じて国民経済の健全な発展に資すること」とされています。

●最近の金融政策

　ここでは，最近の金融政策について，簡単に触れておきます。金融政策については，金融論という学問分野で詳細に学ぶことができます。財政学と合わせて，金融論も勉強されることをおすすめします。

　2013年4月に，日本銀行は「**量的・質的金融緩和**」を導入しました。具体的には，マネタリーベースおよび長期国債・ETF（Exchange Traded Funds：上場投資信託）の保有額を2年間で2倍に拡大し，長期国債買入れの平均残存期間を2倍以上に延長するなど，量・質ともに次元の違う金融緩和を行うというものです。

　2014年10月には，「量的・質的金融緩和」の拡大，2015年12月には，「量的・質的金融緩和」を補完するための諸措置の導入，2016年1月には，「マイナス金利付き量的・質的金融緩和」を導入しています。

　さらに，2016年9月には，金融市場調節によって長短金利の操作を行う「イールドカーブ・コントロール」，物価安定実現への人々の信認を高めることを目的とする「オーバーシュート型コミットメント」の2つを特徴とする「長短金利操作付き量的・質的金融緩和」が新しい枠組みとして導入されています。

演習問題

1　図表27-2と図表27-3を完成させなさい。

2　金利を上げる場合，増税を行う場合それぞれの効果を考えてみなさい。

28 インフレーションと失業

◎キーワード：インフレーション，失業，フィリップス曲線

> **POINT**
>
> インフレーション（インフレ：物価の持続的な上昇）と失業は，どちらも景気に大きく関わるものです。一般に，景気がよくなればインフレが生じて失業が減少し，景気が悪化すればインフレはおさまり失業が増加します。この関係を示したのが，フィリップス曲線です。インフレと失業をどのように調整するかは政府の政策において重要な位置を占めています。

● インフレーションとは何か

　インフレーション（インフレ）とは，物価が持続的に上昇することです。物価が下落する場合はデフレーション（デフレ）といいます。商品やサービスの価格は私たちの生活においてとても身近なものですが，物価が大きく変化するということは私たちにとって重要な意味を持っています。

　例えば，100万円を貯金しているAさんについて考えてみましょう。生活に必要な商品の価格が10倍になるとすると，100万円の貯金の価値はどうなるでしょうか。この貯金の価値は大幅に目減りします。インフレが生じることは，預貯金などの資産を目減りさせてしまうのです。また，Aさんがいつも飲んでいるコーヒーの価格が大幅に上昇する場合はどうでしょうか。Aさんはコーヒーを飲むのをやめて紅茶や緑茶を飲むようになるかもしれません。インフレは消費者や企業の行動に影響を及ぼします。つまり，物価は大きく変動しない方がよいのです。

　この物価に関する指標には，**消費者物価指数**（CPI），**企業物価指数**（CGPI），GDPデフレータなどがあります。消費者物価指数は，消費者が日常購入する財・サービスに関する指数であり，企業物価指数は，企業間で取引される財・サービスに関する指数です（GDPデフレータは第17章を参照してください）。物価指数にはそれぞれ個々の特徴がありますが，

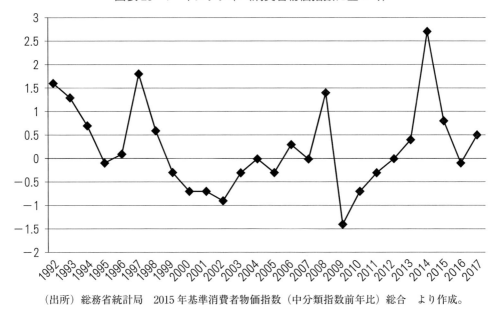

図表28-1 インフレ率（消費者物価指数に基づく）

（出所）総務省統計局　2015年基準消費者物価指数（中分類指数前年比）総合　より作成。

一般によく利用されるのは消費者物価指数になります。図表28-1には消費者物価指数の動きを示してありますが，この指数が利用されるのは，消費者が実際に直面する物価の動きを知ることができるからです。

●インフレによる経済への影響

インフレは実際に，私たちの生活にどのような影響を及ぼすのでしょうか。1つ目は先の例で挙げた資産価値の目減りです。固定された金額の所得や年金，一定の金利がついた預貯金などについて，インフレはその価値を目減りさせます。他方，インフレは実質的な債務を減少させます。このような自動的な所得再分配は，勤労意欲の低下や社会不安につながることも考えられます。

2つ目は貨幣価値の減少です。インフレにより貨幣の価値が下がることで，貨幣の持つ交換手段としての便益，つまり，いつでも商品と交換できるという便益が減少するということです。これは，貨幣の利用価値を低下させてしまうため，人々の気持ちは，商品や資産の保有へ向くことになり，市場経済の効率性を下げてしまうことにもつながります。

3つ目は，税制のゆがみです。投資に対する減価償却の制度においては，物価が上昇することにより，控除額が過小評価されてしまうことになったり，株の売買におけるキャピタル・ゲイン税などでは，一般物価の上昇と同程度の株価上昇により得た利益に税が課されることにより，実質的に利益にならないような場合もあります。これらは，税金のシス

テムがインフレを前提にしていないことから生じるものです。

　これらの他にも，価格が柔軟に動くもの（野菜など）と動かないもの（公共料金など）とのバランスがとれなくなる，あるいは，物価が頻繁に変化すると，メニューを書き換えるコスト（**メニュー・コスト**）がかかるなど，インフレが経済に及ぼす影響は思っている以上に数多くあります。政府や日銀がインフレに対する政策をしっかりと考えることはとても重要なことなのです。

●雇用問題と失業率

　現在の日本では雇用問題が顕在化してきています。その主要な原因は，これまでの日本経済の特徴が「年功序列賃金」と「終身雇用」であったのに対して，現在は，景気の変動や国際的な競争に対応するため企業が雇用調整を余儀なくされていることにあります。図表28-2を見てみると，日本の失業率が1990年代後半からと，リーマンショックの後に高水準で推移していることがわかります。しかしながら，ヨーロッパなどの失業率に比べると，日本の失業率がとても高いというわけではありません。アメリカやヨーロッパには所得格差や高失業率といった個々の雇用問題が存在しています。

　雇用の指標には，**完全失業率**と**有効求人倍率**があります。一般に失業率というのは完全失業率を指しますが，これは「労働力人口のうち，就業が可能であり，求職活動をしている人の比率」です。この比率がゼロになることは現実にはありません。なぜなら，失業に

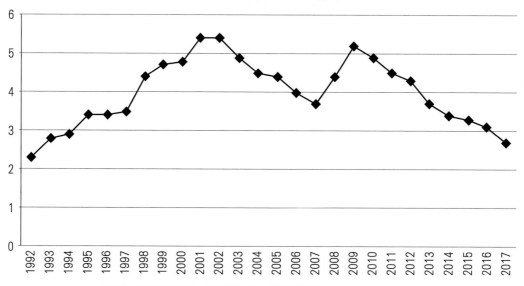

図表28-2　日本の完全失業率

（出所）総務省統計局　労働力調査　長期時系列データより
1992年～2017年の12月男女計総数の季節調整値を用いて作成。

は大きく分けて3つのものがあり，それがすべて解消されるということはかなり難しいことだからです。

その3つとは，非自発的失業・自発的失業・摩擦的失業です。働きたいと思っているけれども働くことができていない場合は非自発的失業になります。**完全雇用**という概念は，この非自発的失業がゼロになる場合をいいます。政府が雇用問題に取り組むときは，非自発的失業者に対する政策を実施するのです。もし完全雇用の状態が達成されたとしても，自発的失業と摩擦的失業は存在しています。自発的失業とは，より良い条件を求めることにより失業している状態のことであり，摩擦的失業とは，技能面や地域面など企業と求職者が求めているものが合致するまでに時間がかかることにより生じる失業のことです。

また，有効求人倍率とは，求職者数に対する求人数の比率のことであり1が基準になります。雇用状況がよい場合にはこの倍率は1より高くなり，雇用状況が悪い場合には倍率は1よりも小さくなります。

●自然失業率

完全雇用という状態は，先に見たとおり非自発的失業がゼロになる場合です。この場合でも自発的失業と摩擦的失業は存在します。労働市場における需要と供給の動きは，このような失業も合わせた構造的な要因から，時代によってその性質を変えていきます。時代による構造をとらえた失業率のことを**自然失業率**といいます。現実の失業率が自然失業率よりも低い状態であれば景気がよく，自然失業率よりも高い状態であれば景気がよくないということを示す指標であるともいうことができます。後述するフィリップス曲線のところで，この概念が出てきますが，長い期間をとったときのトレンドとして現れる失業率（長い期間をとると構造的な要因が反映される）が自然失業率であると考えるとよいでしょう。

日本における現実の失業率は高い水準を推移していましたが，これは構造的な要因を反映する自然失業率が高くなったからであるといえるかもしれません。その要因として，ある産業から他の産業への移動が難しいこと，技術革新が単純労働の雇用を減少させていること，高齢化が進むことによる高齢者の相対的な就業機会の減少などが考えられます。

●賃金の下方硬直性

賃金の下方硬直性とは，いったん上昇した賃金が下がりにくくなることをいいます。賃金が下がりにくくなると，企業が労働者を雇用しようとする意欲がなかなか高まりません。これを労働市場における需要曲線，供給曲線を用いて説明していきましょう。

図表28－3には，縦軸に賃金，横軸に労働量（労働需要量，労働供給量）がとられています。労働需要曲線は右下がりに，労働供給曲線は右上がりに描かれていますので，労働者を雇う企業は需要側であり，賃金が安くなれば労働者を多く雇いたいと思うこと，労働者

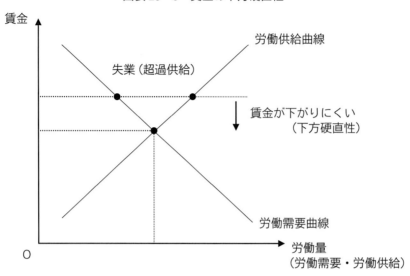

図表28-3 賃金の下方硬直性

は供給側であり，賃金が高くなればより多くの人が働きたいと思うこと，がわかります。

ここで，賃金水準が高くなり，労働需要よりも労働供給が多い超過供給の場合に失業が生じます。商品が超過供給である場合の調整と同じように，賃金（労働の価格）が均衡点の水準まで下がれば失業はなくなります。しかしながら，賃金の下方硬直性が存在しているかぎりは，賃金が下方に調整されることは難しく，失業は減少しません。

このような賃金の下方硬直性をもたらす要素には，労働組合の存在や最低賃金制度など制度的なものもありますが，よく論じられるものとして**効率性賃金**があります。効率性賃金とは，高い賃金であることが労働者の勤労意欲を高め，労働の効率性をもたらす状況での賃金のことをいいます。企業は有能な労働者を確保する，あるいは離職率を低くするため，高い賃金を設定します。企業が賃金を下げた場合に力のある労働者が他の企業に移動してしまう現象は，一般に逆選択あるいはレモンの原理として説明されています。

● フィリップス曲線

以上で説明したインフレと失業率との関係を示したのが，図表28-4の**フィリップス曲線**です。イギリスの経済学者であるフィリップスがこの関係を見出したことからこの名前が付けられています。図表28-4では，縦軸にインフレ率，横軸に失業率がとってありますが，この曲線を見ると，インフレ率が高いときには失業率が低くなり，インフレ率が低いときには失業率が高くなるというトレード・オフの関係があることがわかります。これを景気と関連づけてみると，景気がよいときにはインフレ率が高く，失業率は低くなり，景気がよくないときにはインフレ率が低く，失業率が高くなるということになります。

図表28-4 フィリップス曲線

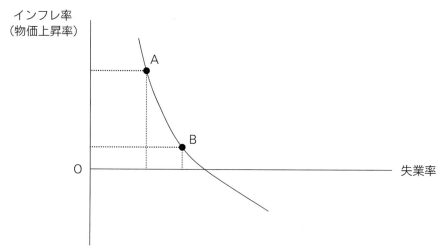

　例えば，経済がA点にある場合には，景気が過熱しており高いインフレが生じています。このような場合，景気を抑制する財政政策や金融政策をとって経済を引き締めます。また，経済がB点にある場合には，景気が悪化しており失業率が高くなっています。このような場合は，景気を刺激する財政政策や金融政策をとって経済を活性化させるのです。これらの政策は景気の状況によって調整されることから，**裁量的経済政策**あるいは**ファイン・チューニング**と呼ばれています。

　これに対して，経済学者のフリードマンは，長期的には失業率が自然失業率の水準に安定しており，一時的に景気を刺激する政策はインフレ率を上昇させるだけであることを指摘しました。この議論は，第21章で見たケインジアンと新古典派の政策論争の1つであり，マクロ経済学の発展において重要な役割を持っているのです。

演習問題

1　なぜインフレにより実質的に債務が減少するのか，またデフレにより債務が増加するのか考えなさい。

2　「完全雇用」の状態とは失業者のいない状態のことですか。これについて簡単に説明しなさい。

29 経済成長の理論

◎キーワード：経済成長，資本蓄積，労働人口，技術進歩，ハロッド＝ドーマー理論，全要素生産性

> POINT
>
> 　第19章では，労働と資本のみを考慮に入れて，潜在経済成長率の計算に取り組みました。第29章では，経済成長に関する主要な理論を学んでいくための準備をします。経済成長の要因として重要なのは「投資による資本蓄積」「労働人口の増加」「技術進歩」ですが，資本が蓄積されるということ，労働人口が増加すること，技術進歩があることがどのように経済成長につながるのかということに注目して取り組みましょう。

● 経済成長と資本蓄積

　経済成長の要因として第一に考えられるのは，（投資による）**資本蓄積**です。日本が高度経済成長期に大きく成長したのも，民間設備投資が旺盛であったからであるといわれています。設備投資が旺盛であることが高い所得を生み，新たな需要を創出し，さらに新しい投資を呼び起こすというプロセスになったのです。経済成長の理論では，投資が持つ資本ストック増加の役割に注目します。資本ストックが増加すると，経済全体の供給能力が高まり，その結果，経済成長が達成されるということになります。

● 経済成長と労働人口

　経済成長の要因として次に挙げられるのは**労働人口の増加**です。資本ストックは一定でも，労働の投入量が増加すればそれだけ生産量は増加するので，労働人口の増加はその国の供給能力を高め，総生産量が増加することがわかります。また，工業化が進むと，農業のような第一次産業から，鉱工業などの第二次産業への労働人口の移動が生じます。つまり，発展する産業の労働人口の増加が，経済成長に必要であるということです。

　しかしながら，労働人口の増加が必ずしも経済成長の要因であるとは言いきれません。なぜなら，多くの発展途上国においては，人口の成長率が高くても，経済成長率は低いま

●経済成長と技術進歩

　資本ストックや労働人口の増加がなくても，経済全体の供給能力が高まる可能性があります。それが**技術進歩**です。技術進歩があると，質のよい製品がより安価に生産できるようになります。技術進歩には，教育水準の向上による労働の質の向上や，コンピューターの導入などによる効率化，新製品開発，企業組織の改善，金融システムの効率化などさまざまなものがあります。このような研究開発は一般に R&D（Research and Development）と呼ばれています。

●資本蓄積の考え方

　ここでは，経済成長の主要な要因である資本蓄積について，基本的な考え方を見ていきましょう。

　GDP（国内総生産）は，生産面からみると付加価値の総額であり，それが所得などとして分配され，消費・投資・政府支出・純輸出（＝輸出－輸入）として支出されるということを第18章で見ました。ここでは，政府部門や海外部門は考慮せず，消費と投資について考えます。

　資本蓄積の考え方の出発点は，経済を動いているものとして考えるということにあります。そこで，ある年に所得として分配されたもののうち，消費されなかったものは貯蓄されるという関係を以下のように表します。

$$Y(t) = C(t) + S(t) \cdots\cdots (29-1)$$

ある年を t 年目として，t 年目の所得が消費と貯蓄に分配されるということです。例えば，1年目なら t＝1 のように考えます。家計が銀行預金などの形で行う貯蓄は，銀行により企業に貸し出され，企業はその資金を用いて将来のための投資活動を行います。生産されたものが最終的に消費か投資に回るという関係は次のように表すことができます。

$$Y(t) = C(t) + I(t) \cdots\cdots (29-2)$$

　これらの式から，貯蓄と投資が等しくなることがわかります。

$$S(t) = I(t) \cdots\cdots (29-3)$$

（29-3）式からは，貯蓄と投資が等しいということだけではなく，生産されたもののうち，消費されない部分は最終的にすべて投資になることがわかります。

　ここで投資とは，企業による設備投資や在庫投資のことなので，これらの投資活動は，

生産に使われる資本の量を増やすことになります。

$$K(t+1) = K(t) + I(t) \cdots\cdots (29-4)$$

（29-4）式は，t年目にある資本の量に，t年目の投資を加えると，t+1年目の資本の量になるということを意味しています。

　ここまでは労働が出てきていませんが，生産には労働や資本を必要とします。以上のように資本が増加していくと，次の年に，資本ストックにより生み出されるGDPも大きくなります。このGDPの拡大が，経済成長ということになります。

● ハロッド＝ドーマーの理論
　経済成長理論の古典的なものとして，**ハロッド＝ドーマー理論**があります。この理論は前節で説明した，「貯蓄と投資が等しいこと」「投資が資本蓄積につながること」を基礎として説明されます。これらに加えて，次の2つの仮定をおきます。
　最初の仮定は，経済全体の貯蓄（S）は所得（Y）の一定割合であるということです。これを次のように表します。

$$S(t) = sY(t) \cdots\cdots (29-5)$$

sは**平均貯蓄性向**といいます。

　2つ目の仮定は，生産と資本ストックの間に技術的な関係が存在し，1単位の生産を行うためには，一定割合の資本が必要であるということです。これを（29-6）式のように表します。

$$K(t) = vY(t) \cdots\cdots (29-6)$$

vは**資本係数**といいます。この式から $K(t+1) = vY(t+1)$ となるので，（29-4）式は次のように書き換えられます（(29-3)，(29-5)，(29-6) 式を用います）。

$$\boxed{K(t+1)} = vY(t+1) = \boxed{K(t) + I(t)} = vY(t) + sY(t) \cdots\cdots (29-7)$$

　（29-7）式でYのみに注目すると

$$vY(t+1) = vY(t) + sY(t) \cdots\cdots (29-8)$$

となるので，$vY(t)$ を左辺に移項し，両辺を $vY(t)$ で割ると，次のようになります。

$$\frac{Y(t+1) - Y(t)}{Y(t)} = \frac{s}{v} \cdots\cdots (29-9)$$

（29-9）式の左辺は，経済成長率を表します。つまり，ハロッド＝ドーマーの理論では

$$経済成長率 = \frac{平均貯蓄性向}{資本係数}$$

となるのです。そこで以下の（　　）内を考えてみてください。

①-1　平均貯蓄性向が高くなると，経済成長率は（　　）なる。
①-2　平均貯蓄性向が低くなると，経済成長率は（　　）なる。
②-1　資本係数が大きくなると，経済成長率は（　　）なる。
②-2　資本係数が小さくなると，経済成長率は（　　）なる。

●全要素生産性と潜在経済成長率

　第19章では，経済成長を学んでいく前提として，労働と資本のみを考慮に入れた潜在経済成長率を計算しましたが，この章では，新しく技術進歩という要素も，経済成長に大きく貢献するものであることを見ました。実際に潜在経済成長率を計算するときには，技術水準を表す**全要素生産性**という概念が取り入れられています。

　　潜在経済成長率　＝　労働分配率×労働の増加率＋資本分配率×資本の増加率
　　　　　　　　　　　＋全要素生産性の増加率（技術進歩率）

労 働 分 配 率：全所得のうち，労働が稼ぐ部分（賃金）がどのくらいの割合を占めているか。
資 本 分 配 率：全所得のうち，資本が稼ぐ部分（資本所得）がどのくらいの割合を占めているか。
労働の増加率：労働（人口）が何％増加するか。
資本の増加率：資本が何％増加するか。
全要素生産性（Total Factor Productivity, TFP）**の増加率**：労働，資本といった生産要素以外に経済成長に貢献する要因，すなわち技術水準がどのくらい成長しているか。

　ここでは，実際の推計の詳細は省略しますが，重要なのは①労働投入の増加，②資本投入の増加，③全要素生産性（技術水準）の増加，という3つの部分が，一国の経済成長に貢献しているということです。

[演習問題]

　　①-1，①-2，②-1，②-2の（　　）内に適当な語句を入れなさい。

30 経済学と経営学

◎キーワード：経営学，経営資源，戦略論，マーケティング，組織論，会計学，価格

> **POINT**
>
> ここでは，経済学と経営学の違いについて考えます。家計（個人）・企業（お店）・政府という経済主体が，どのように行動するかを学ぶ経済学と，企業という組織に焦点を当てて，企業の意思決定のメカニズムについて多面的に学ぶ経営学とでは，基本的なアプローチの仕方も異なります。経営学で扱う経営資源，そして主要な4つの学問領域「戦略論」「マーケティング」「組織論」「会計学」を少しずつ見ていくことで，経済学で勉強してきたこととの違い，また，両方を勉強してみることで得られるものがあるかどうかを考えてみてください。

● **経済学で学んできたこと**

経済学では，家計（個人）・企業（お店）・政府という経済主体が，どのように行動するかについての仕組みを学んできました。市場で自由な取引が行われると，最適資源配分が達成されます。ミクロ経済学では，市場経済においては，価格が重要な役割を持っていること，そして，家計は効用最大化を目的として消費を行うこと，企業は利潤最大化を目的として生産を行うことを学びました。また，マクロ経済学では，経済全体の景気をよくするために，政府がどのように政策をとるのか，さらに，経済の中で，貨幣はどのような役割を持っているのか，について学びました。

● **経営学で学ぶこと**

経営学は，主として企業という組織に焦点を当てています。そして，経営学では，企業の意思決定のメカニズムについて，販売計画や，企業で働く社員の育成，会計，資金調達，顧客ニーズの把握など，多面的に学びます。

企業の活動は，どのように分析することができるでしょうか。これは，大きく3つに分けることができます。「経営資源を投入すること（インプット）」「経営資源を変換すること」

図表30-1 経営学で学ぶこと

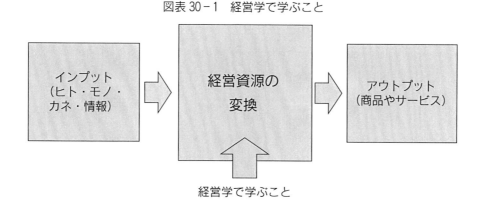

「商品やサービスを顧客に提供すること（アウトプット）」です。

●経営資源とは何か

　ここで，経営資源について考えてみましょう。経営資源とは，「ヒト・モノ・カネ・情報」のことです。ヒトは「社員やパート・アルバイト」，モノは「施設，土地，設備・備品，原材料，部品等」，カネは「資金」，情報は「業務に関するデータやノウハウ」ということになります。

　カフェを開店しようと考えているとき，これらの経営資源はどのように登場するでしょうか。まず，土地や建物を借りて，カフェで使用するキッチン，お客さんが食事をするテーブル・イスといった設備をそろえます。これらが「モノ」です。次に，カフェで働いてくれる社員，パート，アルバイトを雇って，ホールや厨房のお仕事を任せます。これらが「ヒト」です。そして，土地や建物を借りたり，社員，パート，アルバイトを雇ったり，原材料を購入するためには資金が必要になります。これが「カネ」です。さらに，カフェをやっていく上で重要になるのが，おいしいコーヒーを入れるノウハウ，接客のノウハウなど「情報」です。これらの経営資源を上手に活用することで，お客さんに楽しんでもらえる素敵なカフェを経営できるということになります。

●経営学の4つの領域

　経営資源について見たところで，もう少し深く経営学について考えてみます。具体的には，先に挙げた「経営資源を変換すること」が経営学で学ぶ内容です。カフェをやっていく上で，「ヒト・モノ・カネ・情報」などの経営資源をどのように変換すればよいのでしょうか。

　最初に必要になるのは，経営するカフェの方向性を決めることです。これは「戦略論」という領域になります。次に，カフェに来てくれるお客さんをイメージして，どのような

メニューをどのような価格で提供するのかを考えます。これが「マーケティング」という領域です。そして、イメージするカフェを運営するために必要な「ヒト」、彼らが働きやすい職場環境について考えます。これが「組織論」という領域です。さらに、カフェを経営する上では、やはり利益を出さなくてはなりません。これは「会計学」という領域で扱います。経営学における主要な4つの領域を少しずつ見ていきましょう。

●戦略論

カフェを経営するとき、どのようなカフェにするのかという方向性を決めることが重要になります。「インテリアにこだわったお洒落な雰囲気のカフェ」「おいしいコーヒーを低価格で楽しめるカフェ」「とにかく落ち着けるカフェ」など、さまざまなカフェのイメージがありますが、方向性を決める上で必要なのは、自分のお店の強み、そして周囲の競争相手となるお店の特徴を理解して、競争相手との違いを出すことです。戦略論という学問領域では、自分のお店の内部環境分析、お店のまわりの外部環境分析、そして競争に勝つための戦略について学びます。

●マーケティング

お店の方向性が決まると、お店の雰囲気やメニューの数、宣伝方法などを考える必要があります。これらの要素は、基本的には、お客さんのニーズに合わせながら作られるものと思われます。どのようなお客さんをターゲットとして、どのような商品を、どのような価格で、どのような手段を用いて提供するかを学ぶのが、マーケティングという学問領域です。カフェがオフィス街にあれば、ビジネスマンをターゲットとするか、また、カフェが閑静な住宅街の中にあれば、ファミリーをターゲットとするか、さらに、繁華街にあれば、若者のカップルなどをターゲットとするか、決めていく必要があります。さらに、ターゲットとなる人たちに対して、どのようなコーヒー、どのような料理を提供するか、流行などを取り入れながら決めなくてはなりません。マーケティングで学ぶことは、戦略論で学ぶことと密接につながっているといえます。

●組織論

カフェで提供する商品や、お店独特のサービスなどが決まると、カフェで働く人たちの環境が重要になります。お店の雰囲気を考えるとき、実際に雰囲気に影響するのは、店長の社員・パート・アルバイトに対する姿勢や、ホールや厨房を担当する社員・パート・アルバイトの人たちが気持ちよく働けることです。組織の中で働く人たちが持っている力を発揮し、質の高い商品やサービスを生み出せる仕組みを学ぶのが、組織論という学問領域です。気持ちよく働ける環境づくりには、社員・パート・アルバイトの意欲や能力を引き

出す教育訓練，やりがいのある仕事を設定することが重要になりますが，これは，経営者，店長の役割です。経営者や店長は，カフェで働く社員・パート・アルバイトの行動を的確に把握し，その仕事ぶりに対して評価を行うことが必要になるのです。

●会計学

ここまでの戦略論，マーケティング，組織論では，カフェをオープンして運営していくときに重要になる要素を学びますが，その土台になるのは，カフェがどのくらい儲かっているか，あるいは損失を出しているか，カフェの資産や負債はどのくらいか，という会計学の学問領域になります。具体的には，カフェをオープンするときの土地や建物，厨房の機材や材料，テーブル・イスを仕入れるために現金が必要になりますが，これらの資産は，自分のお金でまかなえる部分と，他からの借金でまかなう必要のある部分とに分けられます。また，カフェの経営状態を知ることができる資料として，財務諸表というものがありますが，これを見ることで1年間の売上，かかった経費，得られた利益などがわかります。赤字になってしまっている場合には，どのようにすれば黒字にできるかを考える必要があります。会計学は，「貨幣というモノサシ」を用いて，カフェの経済活動を把握する学問領域です。

●価格の役割

経済学で，価格は，市場メカニズムの中で需要と供給を調整するとても重要な役割を持っていることを学びました。また，ミクロ経済学では，完全競争市場における経済主体はプライス＝テイカー（価格受容者）となること，独占市場では自分で価格をつけられること，寡占市場（複占市場）では，価格に関して協調と競争という戦略が重要であることを学びました。さらに，マクロ経済学では，貨幣が価格と大きく関わっていること，物価が持続的に上昇すること（インフレーション），持続的に下落すること（デフレーション）は，経済活動に強い影響を及ぼすことがあることを学びました。

経営学は，主として企業の経済活動を扱うことから，価格を設定する方法を中心として学びます。価格設定には，コスト，需要，競争という要素が重要になります。

第1に，コストを考慮した価格設定には，企業やお店が安定した利益を得るために，コスト（原材料費，人件費，広告費，物流費など）に一定額を上乗せして販売価格とする方法があります。

第2に，需要を考慮した価格設定には，顧客がその製品をどの程度欲しいと思っているのか，いくらなら支払うつもりであるのか，を明らかにした上で販売価格を決める方法があります。コストで価格設定すると，販売価格が買い手の支払い能力を上回ってしまうような場合，企業は買い手の支払い能力を基準にして販売価格を決め，その販売価格の範囲

内にコストを抑える努力をすることもあります。

　第3に，競争を考慮した価格設定には，競合店が競合製品をどのくらいの価格で販売しているかを調べ，それを若干下回る販売価格にするという方法があります。扱っている製品について，他のお店との差別化が難しい場合，競合店の価格を強く意識して，価格設定が行われます。

　価格という1つの概念について，経済学と経営学とで，どのように説明がなされているかを比較するのはとても興味深いことです。ぜひ，これからの経済学の習得，経営学の修得に役立ててください。

> 演習問題

1　経済学と経営学ではどのような点が異なるのか，考えてみてください。

2　経済学と経営学で共通であると考えられる要素はありますか。

3　経営学を学ぶときに，経済学の勉強や考え方はどのように役立つでしょうか。考えてみてください。

参考文献 | REFERENCES

読者のみなさんのさらなるステップアップのために，以下の文献をおすすめします。

【経済学全般の入門書】
（1） 伊藤元重著『入門｜経済学』第4版，日本評論社，2015年。
（2） J. E. スティグリッツ・C. E. ウォルシュ著，藪下史郎他訳『スティグリッツ入門経済学』第4版，東洋経済新報社，2012年。
（3） 八木尚志著『基礎からステップ 経済学』，実務教育出版，1999年。

【ミクロ経済学】
（4） 伊藤元重著『ミクロ経済学』第3版，日本評論社，2018年。
（5） ハル. R. ヴァリアン著，佐藤隆三他訳『入門ミクロ経済学［原著第9版］』，勁草書房，2015年。
（6） 神取道宏著『ミクロ経済学の力』，日本評論社，2014年。

【マクロ経済学】
（7） 中谷巖著『入門マクロ経済学』第5版，日本評論社，2007年。
（8） 家森信善著『基礎からわかるマクロ経済学』，中央経済社，2001年。
（9） 工藤和久，井上正，金谷貞男著『エッセンシャル経済学シリーズ マクロ経済学』，東洋経済新報社，1999年。

【国際経済学】
（10） 土屋六郎編著『エッセンシャル経済学シリーズ 国際経済学』，東洋経済新報社，1997年。
（11） 若杉隆平著『現代経済学入門 国際経済学』第3版，岩波書店，2009年。

【経営学】
（12） 国立大学法人小樽商科大学高大連携チーム編『わかる経営学 15歳からの大学入門』，日本経済評論社，2005年。

索　引 | INDEX

＜A−Z＞

GDP（Gross Domestic Product：国内総生産）
　……………………………………………88, 94
　────デフレータ……………………………90
GNI（Gross National Income：国民総所得）
　………………………………………………98
NDP（Net Domestic Product：国内純生産）……97
NI（National Income：国民所得）……………98

＜ア＞

一般会計…………………………………………146
インセンティブ……………………………………7
インフレ・ギャップ……………………………119
インフレーション（インフレ）………………148
売りオペ…………………………………131, 143
円高………………………………………………131
円安………………………………………………131

＜カ＞

買いオペ…………………………………131, 143
海外からの純要素所得……………………………98
外貨準備…………………………………………131
外部性…………………………………………8, 66
価格の硬直性……………………………………111
家計…………………………………………4, 84
貸し渋り…………………………………………134
可処分所得………………………………………124
寡占…………………………………………………8
　────市場………………………………………60
価値尺度…………………………………………129
価値の保蔵手段…………………………………129
貨幣………………………………………126, 138
　────需要……………………………………138
　────数量式…………………………………137
　────の購買力………………………………136
可変費用……………………………………………32
為替レート………………………………………131
完全競争市場………………………………………38
完全雇用…………………………………………151
　────国民所得………………………………119
完全失業率………………………………………150
機会費用……………………………………37, 139

企業…………………………………………4, 84
　────物価指数………………………………148
技術………………………………………………100
　────進歩…………………………………102, 155
希少性………………………………………………2
帰属家賃……………………………………………97
基礎消費…………………………………………118
供給…………………………………………………10
　────側の過剰供給能力……………………112
　────曲線……………………………8, 10, 26
　────サイド…………………………………100
　────の価格弾力性……………………………26
　────法則………………………………………26
寄与度……………………………………………104
均衡価格……………………………………8, 11
均衡国民所得……………………………………118
均衡点……………………………………………118
均衡取引量…………………………………………11
金融政策…………………………………86, 141, 143
クラウディング・アウト………………………144
計画経済……………………………………………6
ケインジアン……………………………………110
ケインズ…………………………………………119
ゲーム理論…………………………………………61
限界効用……………………………………………21
限界収入……………………………………………56
限界消費性向……………………………115, 118
限界費用……………………………………………33
現金………………………………………………126
　────通貨……………………………………130
　────預金比率………………………………133
ケンブリッジ方程式……………………………138
公開市場操作……………………………………143
交換媒介機能……………………………………128
公共財………………………………………8, 66, 69
公共投資…………………………………120, 143
公定歩合…………………………………………131
行動経済学…………………………………………5
効用…………………………………………………20
　────最大化……………………………………5
効率性賃金………………………………………152
国内総生産…………………………………………94
個人・消費者………………………………4, 84
固定費用……………………………………………32

コブ＝ダグラス型生産関数……………157

<サ>

債券……………………………………138
在庫投資………………………………120
最終目標………………………………142
財政赤字………………………………146
財政政策…………………………86, 143
最適資源配分………………………8, 42
裁量的経済政策………………………153
サンクコスト……………………………37
三次的な派生需要……………………115
三面等価の原則…………………………96
資産保有動機…………………………139
支出面……………………………………96
市場価格表示の国民所得………………98
市場均衡…………………………………8, 11
市場経済……………………………………6
市場の均衡点……………………………11
市場の失敗…………………………8, 66
自然失業率……………………………151
自然独占…………………………………74
実質貨幣残高…………………………140
実質GDP…………………………………89
　　──成長率………………………91
私的財……………………………………69
資本……………………………………100
　　──係数………………………156
　　──蓄積………………………154
　　──の増加率…………………101
　　──分配率……………………101
需要………………………………………10
　　──曲線………………8, 10, 14
　　──サイド……………………104
　　──の価格弾力性………………14
　　──法則…………………………14
乗数……………………………………115
　　──効果………………………115
消費……………………………………120
　　──関数………………………117
　　──者物価指数………………148
　　──者余剰………………………25
新古典派………………………………109
信用乗数…………………………132, 133
税金……………………………………143
生産可能性曲線…………………………3
生産者………………………………4, 84
　　──余剰…………………………41
生産面……………………………………96
生産要素………………………………100
政府…………………………………4, 84

政府支出………………………………120
　　──乗数………………………122
政府消費…………………………120, 143
世代会計………………………………146
設備投資………………………………120
ゼロ金利政策…………………………144
潜在経済成長率………………………100
全要素生産性…………………………157
総費用……………………………………32

<タ>

ただ乗り…………………………………70
たんす預金……………………………134
地方政府………………………………146
中央銀行預け金………………………130
中央政府………………………………146
中間目標………………………………142
超過供給…………………………………11
超過需要…………………………………11
賃金の下方硬直性……………………151
定期預金………………………………126
デフレ・ギャップ……………………119
デフレーション（デフレ）…………148
当座預金………………………………126
投資……………………………………120
　　──乗数………………………122
独占…………………………………………8
　　──市場…………………………54
　　──的競争………………………55
特別会計………………………………146
土地……………………………………100
取引動機………………………………139
ドル・ユーロ・円などの通貨………128
トレードオフ……………………………2

<ナ>

ナッシュ均衡……………………………65
二次的な派生需要……………………115
日銀……………………………………130
日銀当座預金…………………………130
　　──残高………………………144
日本銀行………………………………130

<ハ>

排除不可能性……………………………69
ハイパワードマネー…………………130
パーシェ指数……………………………91
発展途上国………………………………88
パレート原理……………………………47
ハロッド＝ドーマー理論……………156
非競合性…………………………………69

1人あたりのGDP……………………88
費用便益分析…………………………77
ファイン・チューニング……………153
フィリップス曲線……………………152
付加価値………………………………94
不完全競争……………………………54
普通預金………………………………126
物価……………………………………136
プライス・テイカー…………………39
分配面…………………………………96
平均貯蓄性向…………………………156
平均費用………………………………33
貿易乗数………………………………123
ポリシー・ミックス…………………145

<マ>

マクロ経済学…………………………84
マクロ生産関数………………………157
マーケットデザイン…………………9
マネーサプライ………………………130
マネーストック………………………130
無担保コールレート…………………144
　　──翌日物………………………143
名目GDP………………………………89
　　──成長率………………………91

名目賃金の下方硬直性………………111
メニュー・コスト……………………150

<ヤ>

誘因……………………………………7
有効求人倍率…………………………150
輸出……………………………………122
輸入……………………………………122
要素費用表示の国民所得……………98
預金……………………………………126
　　──準備率………………………133
余剰分析………………………………48
予備的動機……………………………139
45度線…………………………………118

<ラ>

ラスパイレス指数……………………91
利潤……………………………………32
　　──最大化………………………5
量的・質的金融緩和…………………147
労働……………………………………100
　　──人口の増加…………………154
　　──の増加率……………………101
　　──分配率………………………101

《著者紹介》

飯田幸裕（いいだ・ゆきひろ）

- 1971年　宮城県生まれ
- 2006年　早稲田大学大学院経済学研究科博士後期課程単位取得満期退学
- 現　在　二松学舎大学国際政治経済学部教授

主要著書・論文

"Some Empirical Evidence of Exchange Market Pressurein Singapore", *The Singapore Economic Review* Vol. 49, No. 1, 2004: 55-69（with Hiroya Akiba）.

『国際公共経済学―国際公共財の理論と実際―[改訂版]』（共著）創成社，2010年。

"Monetary Unions and Endogeneity of the OCA Criteria", *Global Economic Review* Vol. 38, No. 1, March 2009: 101-116（with Hiroya Akiba）.

岩田幸訓（いわた・ゆきのり）

- 1979年　愛知県生まれ
- 2008年　一橋大学大学院経済学研究科博士後期課程修了　博士（経済学）
- 現　在　二松学舎大学国際政治経済学部教授

主要著書・論文

"The possibility of Arrovian social choice with the process of nomination", *Theory and Decision* Vol. 81, No. 4, November 2016: 535-552.

"Salience and limited attention", *Social Choice and Welfare*, Vol. 50, No. 1, January 2018: 123-146.

"Ranking nomination rules on the basis of nominating power distributions", *International Journal of Economic Theory, forthcoming*.

（検印省略）

2010年1月20日	初版発行
2012年5月20日	改訂版発行
2014年5月20日	第三版発行
2018年5月20日	第四版発行
2025年5月20日	第四版五刷発行

略称－入門経済

入門　経済学［第四版］

著　者　飯田幸裕・岩田幸訓
発行者　塚田尚寛

発行所　東京都文京区春日2-13-1　株式会社　創　成　社

電　話　03（3868）3867　　FAX　03（5802）6802
出版部　03（3868）3857　　FAX　03（5802）6801
http://www.books-sosei.com　　振替　00150-9-191261

定価はカバーに表示してあります。

©2010, 2018 Yukihiro Iida, Yukinori Iwata
ISBN978-4-7944-3172-1 C3033
Printed in Japan

組版：緑舎　印刷：エーヴィスシステムズ
製本：エーヴィスシステムズ
落丁・乱丁本はお取り替えいたします。

――――― 経済学選書 ―――――

書名	著者	種別	価格
入 門 経 済 学	飯田 幸裕 / 岩田 幸訓	著	1,700円
国 際 公 共 経 済 学 ―国際公共財の理論と実際―	飯田 幸裕 / 大野 裕之 / 寺崎 克志	著	2,000円
国際経済学の基礎「100項目」	多和田 眞 / 近藤 健児	編著	2,500円
ファーストステップ経済数学	近藤 健児	著	1,600円
福 祉 の 総 合 政 策	駒村 康平	著	3,000円
日 本 の 財 政	大川 政三 / 大森 誠司 / 江川 雅史 / 池田 浩治 / 久保田 昭	著	2,800円
財 政 学	小林 威 監修 / 望月 正光 / 篠原 正博 / 栗林 隆 / 半谷 俊彦	編著	3,200円
ミ ク ロ 経 済 学	関谷 喜三郎	著	2,500円
実 験 で 学 ぶ 経 済 学	大塚 友美	著	2,600円
ボーダーレス化の政治経済学	大塚 友美	著	2,330円
経 済 用 語 の 総 合 的 研 究	木村 武雄	著	2,000円
ポーランド経済―体制転換の観点から―	木村 武雄	著	3,800円
経 済 体 制 と 経 済 政 策	木村 武雄	著	2,800円
企 業 金 融 の 経 済 理 論	辻 幸民	著	3,500円
多変量・統計解析の基礎	岡本 眞一	著	1,800円
経済分析のための統計学入門	原田 明信	著	2,400円
公 共 経 済 学	谷口 洋志	著	3,495円
米 国 の 電 子 商 取 引 政 策	谷口 洋志	著	2,800円
マクロ経済学&日本経済	水野 勝之	著	2,500円
イ ギ リ ス 経 済 思 想 史	小沼 宗一	著	1,700円

(本体価格)

――――― 創 成 社 ―――――